Kaufmännisches Rechnen

Dipl.-Kfm. Manfred Weber

4. Auflage

Haufe

Die Deutsche Bibliothek – CIP-Einheitsaufnahme

Weber, Manfred:
Kaufmännisches Rechnen / Manfred Weber. – 4. überarb. Aufl.. – Freiburg im Breisgau : Haufe, 2002
(TaschenGuide ; Bd. 1)
ISBN 3-448-04982-4

ISBN 3-448-04982-4
Bestell-Nr. 00663-0004

1. Auflage 1997 (ISBN 3-86027-173-3)
2., aktualisierte Auflage 2000 (ISBN 3-86027-351-5)
3., aktualisierte Auflage 2001 (ISBN 3-86027-444-9)
4., überarbeitete Auflage 2002

Niederlassung Planegg/München
Postanschrift: Postfach, 82142 Planegg
Hausanschrift: Fraunhoferstraße 5, 82152 Planegg
Fon (0 89) 8 95 17-0, Fax (0 89) 8 95 17-2 50
E-Mail: online@haufe de
Internet: http://www.haufe.de, http://www.taschenguide.de
Lektorat: Dr. Matthias Nöllke, Textbüro Nöllke
Redaktion: Sylvia Rein

Satz + Layout: Satzstudio »Süd-West« GmbH, 82166 Gräfelfing
Umschlaggestaltung: Agentur Buttgereit & Heidenreich, 45721 Haltern am See
Druck: J. P. Himmer GmbH, 86167 Augsburg

Zur Herstellung der Bücher wird nur alterungsbeständiges Papier verwendet.

TaschenGuides – alles, was Sie wissen müssen

Für alle, die wenig Zeit haben und erfahren wollen, worauf es ankommt. Für Einsteiger und für Profis, die ihre Kenntnisse rasch auffrischen wollen.

Sie sparen Zeit und können das Wissen effizient umsetzen:

Kompetente Autoren erklären jedes Thema aktuell, leicht verständlich und praxisnah.

In der Gliederung finden Sie die wichtigsten Fragen und Probleme aus der Praxis.

Das übersichtliche Layout ermöglicht es Ihnen sich rasch zu orientieren.

Anleitungen „Schritt für Schritt", Checklisten und hilfreiche Tipps bieten Ihnen das nötige Werkzeug für Ihre Arbeit.

Als Schnelleinstieg die geeignete Arbeitsbasis für Gruppen in Organisationen und Betrieben.

Besuchen Sie uns im Internet: http://www.taschenguide.de

Hier finden Sie Arbeitsmittel zum Downloaden und können Ihre Meinung direkt an die TaschenGuide-Redaktion mailen. Wir freuen uns auf Ihre Anregungen.

Inhalt

Vorwort

Die Erfahrung zeigt, dass vieles vergessen wird, was in der Schule erlernt wurde.

Wichtig ist deshalb, ein Nachschlagewerk zur Hand zu haben. Im vorliegenden TaschenGuide erhalten Sie eine kurze und präzise Zusammenstellung der wichtigsten Rechenvorgänge für die Arbeit im Unternehmen.

Deshalb beginnt jedes Kapitel mit einer kurzen Erläuterung des Nutzens für die Arbeitspraxis. Die notwendigen Rechenschritte werden dann an einfachen Beispielen erklärt, Musterlösungen wollen das schnelle Verständnis erleichtern.

Manfred Weber

Dreisatz

Die Dreisatzrechnung ist ein grundlegendes Rechenverfahren. Sie werden es in der täglichen Praxis immer wieder benutzen, wenn Sie Preise vergleichen, Maschinenlaufzeiten berechnen oder Kosten kalkulieren. Auch die Währungsrechnung geht auf den Dreisatz zurück.

Einfacher Dreisatz

Für den Dreisatz brauchen Sie zwei unterschiedliche Maßeinheiten, zum Beispiel das Gewicht von Äpfeln und ihren Preis. Diese Maßeinheiten müssen zueinander in Beziehung stehen. Jedem Wert von x entspricht ein bestimmter Wert von y.

x = Gewicht der Äpfel:	1	2	3	4	5	6 . . (kg)
y = Preis der Äpfel:	2	4	6	8	10	12 . . (€)

Bei der Dreisatzrechnung wird aus drei bekannten Werten der dazugehörende vierte Wert ermittelt. Zu zwei bekannten x-Werten und einem bekannten y-Wert wird der fehlende y-Wert gesucht. Zum Beispiel: Wenn Sie wissen, dass 2 Kilo Äpfel (erster bekannter x-Wert) 4 € (bekannter y-Wert) kosten, können Sie berechnen, wie viel 6 kg (zweiter bekannter x-Wert) kosten.

Sie erhalten den unbekannten y-Wert, indem Sie den bekannten y-Wert mit dem zweiten x-Wert multiplizieren und durch den ersten x-Wert dividieren.

2 kg kosten 4 € – Aussagesatz
6 kg kosten x € – Fragesatz

$$x = \frac{4 \times 6}{2} = 12 \text{ €} \text{ – Bruchsatz}$$

Das vorliegende Beispiel ist ein **Dreisatz mit geradem Verhältnis**, weil sich x-Werte und y-Werte gleichartig verhalten. Zwischen den beiden Größen besteht ein direktes Verhältnis: Je mehr kg, desto mehr €.

Von einem **Dreisatz mit ungeradem Verhältnis** sprechen wir, wenn sich die x-Werte und y-Werte gegenläufig entwickeln: Wenn der eine Wert größer wird, sinkt der andere. Dies ist oft der Fall, wenn die Zeit in der Rechnung zu berücksichtigen ist, etwa wenn die Geschwindigkeit und die Zeit berechnet werden, die für eine bestimmte Strecke benötigt wird. Je schneller Sie eine Strecke zurücklegen, desto weniger Zeit benötigen Sie.

Das hat natürlich Konsequenzen für die Formel, nach der Sie rechnen müssen: Der bekannte y-Wert ist mit dem ersten x-Wert zu multiplizieren und durch den zweiten x-Wert zu dividieren.

Beispiel

In einem Industrieunternehmen wird ein bestimmter Rohstoffvorrat von 8 Automaten in 36 Arbeitstagen verarbeitet. Wegen der schlechten Auftragslage wird die Fertigung auf 6 Automaten begrenzt. Wie lange reicht jetzt der Rohstoffvorrat?

8 Automaten – 36 Arbeitstage – Aussagesatz
6 Automaten – x Arbeitstage – Fragesatz

$$x = \frac{36 \times 8}{6} = 48 \text{ Arbeitstage – Bruchsatz}$$

Zusammengesetzter Dreisatz

Ein zusammengesetzter Dreisatz besteht aus mindestens zwei einfachen Dreisätzen, die gerade oder ungerade sein können. Entscheidend ist, dass diese Dreisätze miteinander zusammenhängen. Wenn zum Beispiel in einer Firma fünf Automaten 300 Teile in 24 Stunden fertigen, lässt sich mit dem zusammengesetzten Dreisatz errechnen, wie viele Stunden sechs Automaten für 540 Teile brauchen.

Wir haben es mit zwei Dreisätzen zu tun, die wir in zwei Schritten auflösen können.

1. Dreisatz

2. Dreisatz

5 Automaten	–	300 Stück	–	24 Stunden
6 Automaten	–	540 Stück	–	x Stunden

Im ersten Schritt berechnen wir, wie viele Stunden 6 Automaten für das gleiche Pensum benötigen, das 5 Automaten in 24 Stunden bewältigen.

1. Dreisatz

5 Automaten	–	24 Stunden	–	(300 Teile)
6 Automaten	–	x Stunden	–	(300 Teile)

$$x = \frac{5 \times 24}{6} = 20 \text{ Stunden}$$

Im zweiten Schritt berechnen wir, wie viele Stunden 6 Automaten für 540 Teile benötigen.

2. Dreisatz

300 Teile – 20 Stunden

540 Teile – x Stunden

$$x = \frac{540 \times 20}{300} = 36 \text{ Stunden}$$

6 Automaten benötigen zur Herstellung von 540 Teilen also 36 Stunden.

Es spielt dabei natürlich keine Rolle, in welcher Reihenfolge Sie die Dreisätze auflösen. Sie können ebenso zunächst berechnen, wie viele Stunden 5 Automaten für 540 Teile benötigen, um dann im zweiten Schritt zu ermitteln, wie lange 6 Automaten für das gleiche Pensum brauchen.

Währungsrechnen

Wenn Sie es mit Auslandsgeschäften, Geldanlagen, Investitionen in anderen Ländern oder einfach Auslandsreisen zu tun haben, dann müssen Sie mit fremden Währungen rechnen. Trotz Euro und Währungsunion bleibt das Währungsrechnen wichtig, weil die Globalisierung fortschreitet.

Umrechnung von Euro-Beträgen in ausländische Währungen

Sie wollen eine Reise nach New York unternehmen. Vor Reiseantritt wechseln Sie deshalb bei Ihrer Bank 3 600 € in Dollar um (1 € = 0,91 US-$).

Wenn Sie einen Euro-Betrag in eine andere Währung umrechnen, dann können Sie die Dreisatzrechnung mit geradem Verhältnis (Kapitel Dreisatz) anwenden.

Zwischen der Höhe des Euro-Betrages und des Dollar-Betrages besteht ein direktes Verhältnis.

1 €	=	0,91 $	Aussagesatz (Kurs)
3 600 €	=	x $	Fragesatz

$$x = \frac{3\,600 \times 0{,}91}{1} = 3\,276\ \$$$ Bruchsatz

■ *Sorten sind ausländisches Bargeld, ausländische Banknoten und Münzen.*
Devisen sind Buchgeld in Fremdwährungen:
- *ausländische Geldforderungen*
- *ausländische Schecks*
- *ausländische Wechsel* ■

Umrechnung ausländischer Währungen in Euro

Nach Ihrer Rückkehr aus New York verfügen Sie noch über 452 $, die Sie bei Ihrer Bank zu 1 € = 0.95 $ zurücktauschen in €.

0,95 $ = 1 €		Aussagesatz
452 $ = x €		Fragesatz

$$x = \frac{452 \times 1}{0,95} = 475,79\ €$$ Bruchsatz

Ergebnis: Sie haben also noch 475,79 € von Ihrer Reise übrig.

Ankaufskurse und Verkaufskurse der Banken

Banken kaufen und verkaufen an Nichtbanken ausländische Zahlungsmittel. Sie müssen da zwischen den Ankaufskursen und den Verkaufskursen unterscheiden.

Es gibt dafür zwei Fachausdrücke:
Geldkurs = Ankaufskurs der Bank
Briefkurs = Verkaufskurs der Bank

Die Banken verdienen an der Spanne zwischen Geld- und Briefkurs.

Devisenbörsen und Devisenkurse

Der internationale Handel und grenzüberschreitende Kapitalbewegungen sind die Grundlage für den Devisenhandel. Die **Devisenbörse** ist der institutionalisierte Markt für Devisen. Nur Banken dürfen am Devisenmarkt teilnehmen.

Die **Devisenkurse** werden durch Angebot und Nachfrage bestimmt. Amtlich bestellte Kursmakler stellen täglich an den Devisenbörsen für die gängigen Währungen die Devisenkurse offiziell fest. Die am Devisenhandel teilnehmenden Banken rechnen untereinander zum so genannten Mittelkurs ab.

Devisenkurse an der Frankfurter Devisenbörse

28.02.2001		**Geld** Ankaufskurs	**Brief** Verkaufskurs
Großbritannien	Brit. Pfund	0,6365	0,6405
Japan	Jap. Yen	107,82	107,95
Schweiz	Schw. Franken	1,5395	1,5405
USA	US-Dollar	0,9217	0,9277

■ *Die amtlichen Geldkurse und die amtlichen Briefkurse der verschiedenen Währungen weichen nur wenig vom amtlichen Euro-Mittelkurs ab. Die Geld- und Briefkurse der unterschiedlichen Währungen haben einen festen Abstand zum offiziellen Mittelkurs.* ■

Für den Euro wird die **Mengennotierung** angewandt, was bedeutet, dass die Menge der ausländischen Währung auf 1 Einheit der inländischen Währung bezogen wird.

Deutschland wendete vor der Euro-Umstellung für die DM die **Preisnotierung** an, d. h. der Preis für 1 Einheit, 100 oder 1 000 Einheiten der ausländischen Währung wurde in DM angegeben.

Banken im Devisen- und Sortengeschäft

Die Banken vermitteln den Kunden in ihren **Devisenabteilungen** Angebot und Nachfrage von Devisen und Sorten. Die Spanne zwischen Sortenkauf und -verkauf ist deutlich größer als die zwischen Devisenkauf und -verkauf.

Beispiel

Devisenhandel am 06.04.01
(Devisenkurs für 1 €)

1 US-Dollar	Verkauf (Brief)	0,8993 €
1 US-Dollar	Kauf (Geld)	0,8933 €
Spanne		0,0060 €

Sortenhandel am 06.04.01 (am Bankschalter)
(Notenpreise in €)

1 US-Dollar	Verkauf (Brief)	0,8740 $
1 US-Dollar	Kauf (Geld)	0,9290 $
Spanne		0,0550 $

Banken verlangen bei Devisengeschäften:

- *Maklergebühr, 1/4 Promille vom Kurswert für an der Börse gehandelte Devisen*
- *Bankprovision als Aufwandsentschädigung der Bank, 3/4 Promille des Kurswertes*
- *Abwicklungsgebühr für kleinere Aufträge.*

Devisenkassamarkt und Devisenterminmarkt

Am **Devisenkassamarkt** erfolgen Lieferung und Zahlung unmittelbar nach Abschluss des Geschäftes. Bei einem **Devisentermingeschäft** erfolgt aber die Lieferung zu einem vereinbarten späteren Zeitpunkt, während der Kurs bereits jetzt vereinbart wird.

Am **Devisenterminmarkt** können mit Einschränkungen die sich ergebenden **Kursrisiken (Währungsrisiken)** ausgeschaltet werden.

Wenn Sie als Importeur Ihre Zahlungen in Auslandswährung zu leisten haben, dann kann es sinnvoll sein, dass Sie Termindevisen kaufen. Anbieter von Termindevisen sind inländische Exporteure, die künftige Einnahmen erhalten.

Dollar und Euro

Dollar, Euro und Yen sind die wichtigsten Währungen.

Die US-Notenbank orientiert sich in ihrer Geldpolitik hauptsächlich nach den binnenwirtschaftlichen Faktoren Wirtschaftswachstum und Inflation. Der Außenhandel spielt in den USA eine vergleichsweise geringe Rolle. Dollaranstieg und Dollarschwäche werden maßgebend von der Entwicklung in Europa und in Japan bestimmt.

Die Währungsunion mit dem Euro ist die logische Weiterentwicklung des europäischen Binnenmarktes.

Durchschnitts- und Verteilungsrechnen

Durchschnittswerte sind in der kaufmännischen Praxis und im täglichen Leben gebräuchlich: Durchschnittsgeschwindigkeit eines Pkws, Durchschnittspreis, durchschnittlicher Lagerbestand oder durchschnittliche Lebenserwartung. Bei der Verteilungsrechnung wird ein Geldbetrag auf mehrere Personen aufgeteilt oder Kosten werden auf Kostenstellen umgelegt.

Durchschnittsrechnung

Sie können den einfachen Durchschnitt (ungewogenes arithmetisches Mittel) aus den Zahlen 2, 3, 5, 7 und 8 leicht ermitteln, indem Sie die einzelnen Werte addieren und die Summe durch die Anzahl der Posten dividieren.

$$x = \frac{2 + 3 + 5 + 7 + 8}{5} = \frac{25}{5} = 5$$

Die Formel für das ungewogene arithmetische Mittel, den einfachen Durchschnitt, lautet:

$$\text{einfacher Durchschnitt} = \frac{\text{Summe der Einzelwerte}}{\text{Anzahl der Posten}}$$

Beispiel
Der Lagerbestand eines Händlers betrug im 1. Quartal 350 Stück, im 2. Quartal 408 Stück, im 3. Quartal 526 Stück und im 4. Quartal 652 Stück. Wie hoch ist der durchschnittliche Lagerbestand im Geschäftsjahr?

$$\text{Einfacher Durchschnitt} = \frac{350 + 408 + 526 + 652}{4} = 484 \text{ Stück}$$

■ *Jeder Wert wird beim Durchschnittswert erfasst, auch extreme Werte und Zufälligkeiten. Jede Änderung von Merkmalswerten hat Auswirkungen auf den Durchschnittswert.* ■

Beim gewogenen Durchschnitt (gewogenes arithmetisches Mittel) wird bei den einzelnen Größen auch die Menge bzw. das Gewicht berücksichtigt.

Die Formel für das gewogene arithmetische Mittel, den gewogenen Durchschnitt, lautet:

$$\text{gewogener Durchschnitt} = \frac{\text{gewogene Summe der Einzelwerte}}{\text{Gesamtmenge (bzw. Gesamtgewicht)}}$$

Beispiel
Drei Sorten Röstkaffee werden zu einer Durchschnittssorte gemischt: Sorte I 17 kg zu 9,80 € je kg, Sorte II 9 kg zu 12,40 € je kg, Sorte III 24 kg zu 8,20 € je kg.
Wie viel kostet 1 kg der Mischung?

Sorte I	17 kg zu 9,80 € je kg	166,60 €
Sorte II	9 kg zu 12,40 € je kg	111,60 €
Sorte III	24 kg zu 8,20 € je kg	196,80 €
	50 kg Mischung kosten	475,00 €
	1 kg Mischung kostet	9,50 €

Verteilungsrechnung

Bei der Verteilungsrechnung wird eine Gesamtsumme nach einem bestimmten Verteilungsschlüssel auf Einzelpositionen verteilt (z. B. Kosten, Spesen, Prämien, Gewinne). Frachtkosten lassen sich beispielsweise nach den Verteilungsschlüsseln Gewicht oder Wert auf die einzelnen Erzeugnisse umlegen, je nach ihrem Anteil. Verkaufsprämien können nach der Höhe der erzielten Umsätze auf die einzelnen Vekäufer verteilt werden.

Beispiel

Die Frachtkosten für eine Warensendung von 350 kg und einem Wert von 1 220 € betragen 110 €. Die Ware I umfaßt 200 kg und hat einen Wert von 640 €, Ware II mit 150 kg hat einen Wert von 580 €. Die angefallenen Frachtkosten sind nach dem Gewicht auf Ware I und Ware II zu verteilen.

Ware I	200 kg	20 Teile bzw. 4 Teile	62,86 €
Ware II	150 kg	15 Teile bzw. 3 Teile	47,14 €
	350 kg	35 Teile bzw. 7 Teile	110,00 €
		1 Teil	15,714 €

Die Kostenumlage nach bestimmten Verteilungsschlüsseln (z. B. qm) auf einzelne Kostenstellen und die Gewinnverteilung bei der OHG und der KG sind weitere Anwendungsgebiete für die Verteilungsrechnung.

Prozentrechnen

Prozente (ital. *percento* = von hundert) gehören zu den Grundlagen des kaufmännischen Rechnens. Viele Berechnungen im Alltag und in der betrieblichen Praxis sind ohne die Prozentrechnung nicht durchführbar. Sei es die eigene Gehaltserhöhung, ein Rabatt im Einkauf, eine Umsatzzunahme im Verkauf, der Ausschuss in der Fertigung – immer werden die Angaben erst durch Prozentangaben vergleichbar und damit aussagefähig.

Prozentrechnung und Promillerechnung

Die **Prozentrechnung** ist eine Vergleichsrechnung, die Zahlenangaben werden auf den Vergleichsmaßstab 100 bezogen und in Prozent angegeben.

Wird die Vergleichszahl 1 000 genommen, dann spricht man von **Promillerechnung**. Promille (*per mille* = von tausend) ist gegenüber Prozent die kleinere Einheit und wird ‰ geschrieben, 1 ‰ = 0,1 %. Sie wird oft gewählt, wenn die Prozentsätze kleiner als 1 sind.

Prozentrechnung als Bruchrechnung

Sie ist eine angewandte Bruchrechnung, wobei aber mit Dezimalbrüchen gerechnet wird. Die Zahlungsbedingung 2 % Skonto bedeutet einen Bruchteil von 2 % = $^{2}/_{100}$ = 0,02 des Rechnungsbetrages. Sie erhalten 2 %, wenn Sie den Rechnungsbetrag mit 0,02 multiplizieren. Den errechneten Betrag können Sie abziehen, wenn Sie innerhalb der Skontofrist zahlen.

Begriffe der Prozentrechnung

Wenn Sie Waren im Wert von 700 € netto zuzüglich 16 % Umsatzsteuer kaufen, dann beträgt die Umsatzsteuer 112 €.

Warenwert	Umsatzsteuersatz	Umsatzsteuer
700 €	16 %	112 €
Grundwert	Prozentsatz	Prozentwert

Die Prozentrechnung verwendet diese Begriffe:

- Grundwert (G) – Wert, der mit 100 % gleichgesetzt wird.
  Prozentsatz bezieht sich auf ihn.
- Prozentsatz (p) – Teil der Vergleichszahl 100, z. B. 7 %.
- Prozentwert (W) – Teil des Grundwertes, der mit Angabe des Prozentsatzes ermittelt wird.

Berechnung des Prozentwertes

Es wird bei vorgegebenem Grundwert und Prozentsatz der Prozentwert ermittelt.

Beispiel

Von einem Rechnungsbetrag von 700 € können 3 % Skonto abgezogen werden.

100 % = 700 € (Grundwert G)
1 % = 7 €
3 % = 21 € (Prozentwert W)

Formel zum **Prozentwert**

$$\text{Prozentwert} = \frac{\text{Grundwert x Prozentsatz}}{100}$$

$$W = \frac{G \times p}{100}$$

■ *Der Promillewert wird entsprechend ermittelt, wobei aber anstelle von 100 der Wert 1000 einzusetzen ist.* ■

Berechnung des Prozentsatzes

Der Prozentsatz ist bei vorgegebenem Grundwert und Prozentwert gesucht.

Beispiel

Ein Unternehmen erhält auf den Rechnungsbetrag von 12 800 € einen Rabatt von 320 €. Wie hoch ist der Prozentsatz?

100 % = 12 800 € (Grundwert G)
1 % = 128 €

320 € : 128 € = 2,5 %

Formel zum **Prozentwert**

$$\text{Prozentwert} = \frac{\text{Prozentwert x 100}}{\text{Grundwert}}$$

$$p = \frac{W \times 100}{g}$$

Berechnung des Grundwertes

Der Grundwert ist bei vorgegebenem Prozentwert und Prozentsatz gesucht.

Beispiel

Ein Vertreter erhält 5 % Povision = 7 600 €. Wie hoch war sein Umsatz?

5 % = 7 600 € (Prozentwert W)
1 % = 1 520 €
100 % = 152 000 €

Formel zum **Grundwert**

$$\text{Grundwert} = \frac{\text{Prozentwert x 100}}{\text{Prozentsatz}}$$

$$G = \frac{W \times 100}{p}$$

Prozentrechnung vom vermehrten Grundwert

Die Prozentrechnung wird oft angewandt, um die Entwicklung von zwei oder mehr Werten miteinander zu vergleichen. Angenommen, Ihre Firma erreicht im ersten Geschäftsjahr einen Umsatz von 400 000 €, im zweiten von 500 000 € und im dritten von wieder 400 000 €.

Wenn Sie die Umsatzentwicklung nur nach dem jeweils letzten Wert ermitteln, dann haben Sie im zweiten Jahr eine Zunahme von 25 % und im dritten eine Abnahme von 20 %. Wie kommt es, dass die Abnahme geringer ausfällt als die Zunahme – obwohl sich doch vom ersten zum dritten Jahr nichts geändert hat? Es liegt daran, dass sich die Bezugsgröße geändert hat. Einmal werden die 100 000 € auf 400 000 € und einmal auf 500 000 € bezogen. Prozentual wirkt sich deshalb die Zunahme stärker als die Abnahme aus.

Der **vermehrte Grundwert** ist stets größer als der (reine) Grundwert.

Reiner Grundwert + Prozentsatz = vermehrter Grundwert

Grundwert
100 %
vom Hundert

Grundwert
100 % + 50 % = 150 %
vermehrter Grundwert auf Hundert

Der vermehrte Grundwert bildet den Ausgangspunkt für die Berechnung des Grundwertes.

Beispiel

Der Umsatz eines Unternehmens stieg im laufenden Jahr um 10 % auf 6 600 000 €. Wie hoch war der Umsatz im Vorjahr?

110 % – 6 600 000 €
1 % – 6 000 €
100 % – 6 000 000 €

Formel zum reinen **Grundwert**

$$\text{Reiner Grundwert} = \frac{\text{vermehrter Grundwert} \times 100}{100 + \text{Prozentsatz}}$$

Prozentrechnung vom verminderten Grundwert

Der **verminderte Grundwert** ist stets kleiner als der (reine) Grundwert.

Reiner Grundwert – Prozentsatz = verminderter Grundwert

Grundwert
100 %
vom Hundert

Grundwert
100 % – 40 % = 60 %
verminderter Grundwert im Hundert

Beispiel

Eine Ware wird mit einem Nachlass von 15 % zum Sonderpreis von 272 € verkauft. Wie hoch war der Verkaufspreis vor der Preissenkung?

85 % – 272 €
1 % – 3,20 €
100 % – 320 €

Formel zum reinen **Grundwert**

$$\text{Reiner Grundwert} = \frac{\text{verminderter Grundwert} \times 100}{100 - \text{Prozentsatz}}$$

Zinsrechnen

Das Rechnen mit Zinsen hat im Wirtschaftsleben große Bedeutung. Banken vergüten Ihnen Zinsen, wenn Sie Geld anlegen oder berechnen Zinsen, wenn Sie einen Kredit beanspruchen. Sind Sie Kunde eines Unternehmens und zahlen zu spät, dann sind Verzugszinsen fällig. Sie sind deshalb gut beraten, wenn Sie die Ihnen berechneten Zinsen selbst nachrechnen können.

Prozentrechnung und Zinsrechnung

Die **Zinsrechnung** ist eine Weiterentwicklung der Prozentrechnung (Kapitel Prozentrechnen). Als neuer Faktor kommt die Zeit hinzu. Sie kann in Jahren (i), Monaten (m) oder in Tagen (t) angegeben werden.

Prozentrechnung	Zinsrechnung
Grundwert	**Kapital (K)**
Prozentsatz	**Zinssatz (p)**
Prozentwert	**Zinsen (Z)**
	Zeit (i, m, t)

Berechnen der Zinsen

Zinsen sind der Preis für die Überlassung von Kapital für eine bestimmte Zeit. Die Höhe der Zinsen ist von der Summe des überlassenen Kapitals, dem Zinssatz (Zinsfuß) und der Laufzeit abhängig.

Der Zinssatz bezieht sich gewöhnlich auf ein Jahr. Die Berechnung der Jahres-, Monats- und Tageszinsen erfolgt mit Formeln.

Jahreszinsen

$$\text{Zinsen} = \frac{\text{Kapital} \times \text{Zinssatz} \times \text{Jahre}}{100}$$

$$Z = \frac{K \times p \times i}{100}$$

Beispiel

Darlehen 50 000 €, Zinssatz 7 %, Dauer 3 Jahre

$$Z = \frac{50\,000 \times 7 \times 3}{100} = 10\,500\ €$$

Monatszinsen

$$\text{Zinsen} = \frac{\text{Kapital} \times \text{Zinssatz} \times \text{Monate}}{100 \times 12}$$

$$Z = \frac{K \times p \times m}{100 \times 12}$$

Beispiel

Ein Bankkunde legt 35 000 € für die Zeit vom 10.05. bis zum 10.08. als Termingeld zu 5 % an. Wie hoch ist die Zinsgutschrift nach 3 Monaten?

$$Z = \frac{35\,000 \times 5 \times 3}{100 \times 12} = 437{,}50\ €$$

Tageszinsen

$$\text{Zinsen} = \frac{\text{Kapital} \times \text{Zinssatz} \times \text{Tage}}{100 \times 360}$$

$$Z = \frac{K \times p \times t}{100 \times 360}$$

Beispiel

Darlehen 50 000 €, Zinssatz 7 %, 252 Tage

$$Z = \frac{50\,000 \times 7 \times 252}{100 \times 360} = 2\,450\ €$$

Berechnung der Tage in der Zinsrechnung

Bei der **Tageberechnung** in der Zinsrechnung in Deutschland ist zu unterscheiden:

- **Privatpersonen** und Behörden rechnen das Jahr mit 365 Tagen und die Monate nach der genauen Tageszahl.
- **Kaufleute** rechnen das Jahr mit 360 Tagen und jeden Monat mit 30 Tagen. Der 31. eines Monats wird nicht gerechnet, aber auch der Februar hat als Zinsmonat 30 Tage.

Berechnung der Zinstage im Ausland

Die Tageberechnung in der Zinsrechnung wird in einigen Ländern wie in Deutschland praktiziert, andere Länder kennen andere Berechnungsarten.

- Die **deutsche** Berechnungsart mit 360 Tagen im Jahr und 30 Tagen im Monat wird in der Schweiz, Dänemark, Schweden, Norwegen und Russland angewendet.

- Die **französische** Berechnungsart nimmt das Jahr mit 360 Tagen an und rechnet jeden Monat genau. Frankreich, Belgien, Niederlande, Italien, Spanien und Österreich gehen so vor.

$$\text{Tageszinsen} = \frac{\text{Kapital x Zinssatz x Tage (genau)}}{100 \times 360}$$

- Die **englische** Berechnungsart setzt das Jahr mit 365 Tagen und jeden Monat genau an. Großbritannien und die USA wenden diese Berechnungsart an.

Eurozinsmethode

Seit 1994 wenden die Deutsche Bundesbank und die Geschäftsbanken die Eurozinsmethode an, die der französischen Zinsberechnung entspricht.

- Das Jahr wird mit 360 Tagen angesetzt, die Monate werden taggenau gerechnet.
- Januar, März, Mai, Juli, August, Oktober und Dezember werden mit 31 Zinstagen gerechnet.
- April, Juni, September und November werden mit 30 Tagen angesetzt.
- Der Februar hat 28 Zinstage, im Schaltjahr 29.
- Wenn der Fälligkeitstag auf einen Samstag, Sonntag oder Feiertag fällt, dann werden die Zinsen bis zum nächsten Werktag gerechnet.

Auch bei der Eurozinsmethode wird der 1. Tag des Zeitraumes nicht mitgezählt – aber der letzte Kalendertag ist ein voller Zinstag.

- *Berechnung der Zinstage:*
- *Die Tage im ersten Zinsmonat können als Differenz ermittelt werden.*
- *Die Tage der folgenden ganzen Zinsmonate können nach dem Kalender berechnet werden.*
- *Die Tage des letzten Zinsmonats werden genau festgestellt.*

Beispiele

11.01. bis 31.01. = 20 Tage
15.03. bis 10.04. = 26 Tage
31.05. bis 30.08. = 91 Tage
02.02. bis 15.03. = 41 Tage
30.04. bis 31.05. = 31 Tage

Berechnen von Kapital, Zinssatz und Zeit

Die allgemeine Zinsformel können Sie umformen und Kapital, Zinssatz und Zeit berechnen.

Allgemeine Zinsformel

$$\text{Zinsen} = \frac{\text{Kapital} \times \text{Zinssatz} \times \text{Tage}}{100 \times 360}$$

$$Z = \frac{K \times p \times t}{100 \times 360}$$

Auflösung der allgemeinen Zinsformel nach dem **Kapital**

$$\text{Kapital} = \frac{\text{Zinsen} \times 100 \times 360}{\text{Zinssatz} \times \text{Tage}}$$

$$K = \frac{Z \times 100 \times 360}{p \times t}$$

Beispiel

Welches Kapital erbringt bei einer Verzinsung von 6 % nach 30 Tagen 1 500 €?

$$K = \frac{1\,500 \times 100 \times 360}{6 \times 30} = 300\,000\ €$$

Auflösung nach dem **Zinssatz**

$$\text{Zinssatz} = \frac{\text{Zinsen} \times 100 \times 360}{\text{Kapital} \times \text{Tage}}$$

$$p = \frac{Z \times 100 \times 360}{K \times t}$$

Beispiel

Ein Kapital über 100 000 € brachte nach 90 Tagen 1 250 € Zinsen. Zu welchem Zinssatz war es angelegt?

$$p = \frac{1\,250 \times 100 \times 360}{100\,000 \times 90} = 5\ \%$$

Auflösung nach den **Tagen**

$$\text{Tage} = \frac{\text{Zinsen} \times 100 \times 360}{\text{Kapital} \times \text{Zinssatz}}$$

$$t = \frac{Z \times 100 \times 360}{K \times p}$$

Beispiel

Ein Bankkunde hat bei seiner Hausbank ein Darlehen über 120 000 € in Anspruch genommen. Die Bank berechnet 5 400 € Zinsen bei einem Zinssatz von 11 %. Vor wie viel Tagen wurde das Darlehen aufgenommen?

$$t = \frac{5\,400 \times 100 \times 360}{120\,000 \times 11} = 147{,}27 = 147 \text{ Tage}$$

Kaufmännische Zinsformel

Die Kaufmännische Zinsformel wird aus der allgemeinen Zinsformel abgeleitet.

Allgemeine Zinsformel

$$\text{Zinsen} = \frac{\text{Kapital} \times \text{Zinssatz} \times \text{Tage}}{100 \times 360}$$

$$Z = \frac{K \times p \times t}{100 \times 360}$$

Die allgemeine Zinsformel kann auch in der folgenden Form geschrieben werden:

$$Z = \frac{K \times t}{100} \times \frac{p}{360}$$

$$Z = \frac{K \times t}{100} : \frac{360}{p}$$

Das Produkt $\frac{K \times t}{100}$ kann auch als $\frac{K}{100} \times t$ geschrieben werwerden und ist die **Zinszahl.**

Der Quotient $\frac{360}{p}$ heißt **Zinsteiler oder Zinsdivisor.**

$$Z = \frac{\frac{K \times t}{100}}{\frac{360}{p}} = \frac{\text{Zinszahl}}{\text{Zinsdivisor}}$$

Die allgemeine Zinsformel wird zur kaufmännischen Zinsformel – im Zähler des Bruches steht die Zinszahl und im Nenner der Zinsdivisor.

Kaufmännische Zinsformel

$$\text{Zinsen} = \frac{\text{Zinszahl}}{\text{Zinsdivisor}}$$

Beispiel
Kapital 70 000 €, 8 % Zinssatz, 310 Tage

$$Z = \frac{\text{Zinszahl}}{\text{Zinsdivisor}} = \frac{700 \times 310}{\frac{360}{8}} = 4\,822{,}22\ €$$

Summarische Zinsrechnung

Die Abrechnung mehrerer unterschiedlicher Beträge zum gleichen Zinssatz ist Gegenstand der **summarischen Zinsrechnung.** Die Zinszahlen der einzelnen Beträge werden addiert und durch den gemeinsamen Zinsdivisor geteilt.

$$\text{Zinsen} = \frac{\text{Summe der Zinszahlen}}{\text{Zinsdivisor}}$$

Beispiel
Ein Industrieunternehmen hat gegen einen Kunden drei Einzelforderungen: 60 000 €, fällig am 19.08., 8 000 €, fällig am 03.10., 25 000 €, fällig am 10.11.

Wie hoch ist die Gesamtforderung am 11.08. einschließlich 9 % Verzugszinsen?

Wie müssen Sie vorgehen?

			11.08.
Beträge	Verfall	Tage	Zinszahlen
60 000 € 8 000 € 25 000 €	19.08. 3.10. 10.11.	8 53 91	4 800 4 240 22 750
93 000,00 € 794,75 € (9 % Verzugszinsen)			31 790 : 40 = 794,75
93 794,75 € Gesamtforderung			

1 Beträge und Verfallzeiten eintragen.

2 Zinstage ermitteln nach der Eurozinsmethode.

3 Zinszahlen berechnen (1 % des Kapitals x Tage).

4 Die Summe der Zinszahlen ist durch den Zinsdivisor zu teilen (360/p). Bei 9 % ergibt sich der Zinsdivisor aus 360/9 = 40.

$$\text{Verzugszinsen} = \frac{31\,790}{40} = 794{,}75$$

5 Die Gesamtforderung ergibt sich aus der Addition der Einzelforderungen plus Verzugszinsen.

Zinseszinsrechnen

Bei der Zinseszinsrechnung werden das Kapital und die gutgeschriebenen Zinsen verzinst.

Beispiel

Ein Kapital von 10 000 € wird für drei Jahre zu 6 % verzinst, wobei die gutgeschriebenen Zinsen ebenfalls verzinst werden.

	Jahresanfang 1. Jahr	10 000,00 €
+	Zinsen 6 %	600,00 €
	Jahresanfang 2. Jahr	10 600,00 €
+	Zinsen 6 %	636,00 €
	Jahresanfang 3. Jahr	11 236,00 €
+	Zinsen 6 %	674,16 €
	Kapital Ende 3. Jahr	11 910,16 €

Die Berechnung des Endwerts eines Kapitals wird als **Aufzinsung** bezeichnet. Der **Aufzinsungsfaktor** für einen bestimmten Zinssatz p wird als $q = (1 + \frac{p}{100})$ dargestellt.

Ko ist das Anfangskapital, n die Laufzeit in Jahren, Kn ist das Endkapital.

Zinseszinsformel

$$Kn = Ko\left(1 + \frac{p}{100}\right)^n$$

Sie können das letzte Beispiel auch mit der Zinseszinsformel berechnen.

$$K = 10\,000\left(1 + \frac{6}{100}\right)^3$$

$$K = 10\,000 \times 1{,}06^3$$

$$K = 10\,000 \times 1{,}191016 = 11\,910{,}16\ €$$

Das Gegenstück zur Aufzinsung ist die **Abzinsung**. In diesem Fall ist der Kapitalwert K*n* nach n Jahren bekannt. Man will aber den entsprechenden abgezinsten Wert, den **Barwert**, kennen.

Die Berechnung des Barwerts, die man als Diskontierung bezeichnet, zinst K*n* um die betreffenden Jahre ab. Der Abzinsungsfaktor ist der Kehrwert des Aufzinsungsfaktors.

Beispiel

Wie groß ist der Barwert eines Kapitals, das in 4 Jahren bei einem Zinsfuß von 6 % auf 17 000 € wächst?

$$Ko = 17\,000 \times \frac{1}{(1 + 0{,}06)^4}$$

$$Ko = 17\,000 \times \frac{1}{1{,}262476} = 13465{,}59\ €$$

Sie brauchen die Aufzinsungs- oder Zinseszinsfaktoren nicht selbst berechnen, Sie können diese direkt in Zinseszinstabellen ablesen. Eine solche Zinseszinstabelle finden Sie zum Beispiel im Buch „Kaufmännisches Rechnen von A-Z, Formeln, Rechenbeispiele und Tipps für die Praxis" aus dem Haufe Verlag.

Effektivzins

Für Sie ist nicht der Nominalzinssatz, sondern der Effektivzinssatz entscheidend, denn nur er sagt Ihnen, wie viel ein Kredit tatsächlich kostet oder eine Kapitalanlage erwirtschaftet. Der Effektivzinssatz berücksichtigt alle anfallenden Kosten und Gebühren und ist damit genauer als der Nominalzinssatz. Seit 1985 wird der Ausweis des effektiven Jahreszinssatzes bei Kreditangeboten vom Gesetzgeber verlangt.

Mehr Transparenz durch Effektivzinssatzangabe

Banken, Sparkassen und Versicherungen sind durch die **Preisangabenverordnung** zur Angabe des Effektivzinses verpflichtet – tun es also nicht aus reiner Kundenfreundlichkeit. Dem Verbraucher wird so die Möglichkeit gegeben, Preisvergleiche bei Kreditangeboten oder Wertpapieranlagen durchzuführen. Der Effektivzins hat zu mehr Transparenz geführt.

Kreditangebote

Der Effektivzinssatz erfasst unter Zugrundelegung der Laufzeit des Kredits:

- ausgezahlte Summe
- nominaler Zinssatz
- Vermittlungskosten

- anfallende Kosten, z. B. Bearbeitungsgebühr
- Tilgungsleistungen

Der Effektivzinssatz berücksichtigt insbesondere das **Disagio**, die Differenz zwischen vereinbarter Kreditsumme und tatsächlich ausgezahltem Betrag. Der Effektivzinssatz ist damit in der Regel höher als der Nominalzinssatz.

Beispiel

Effektivzinssatz von Kreditangeboten

Eine Bank macht einem Kunden zwei Kreditangebote.

Kreditangebot A:	Kreditangebot B:
Darlehen 200 000 €	
Nominalzins 9 %	Nominalzins 8,5 %
Auszahlungsbetrag 98 %	Auszahlungsbetrag 97,5 %
	Bearbeitungsgebühr 0,25 %
Laufzeit 4 Jahre	

Welches Angebot hat den niedrigeren Effektivzinssatz?

Kreditangebot A:

Das Disagio beträgt 2 % von 200 000 € = 4 000 €.

Zins und anteiliges Disagio für 1 Jahr

Zins = 9 % von 200 000 €	18 000 €
Disagio = 4 000 € : 4	1 000 €
zusammen	19 000 €

Auszahlungsbetrag 98 % = 196 000 €

$$p = \frac{Z \times 100 \times 360}{K \times t}$$

$$p = \frac{19\,000 \times 100 \times 360}{196\,000 \times 360} = 9{,}69\ \%$$

Kreditangebot B:

Das Disagio beträgt 2,5 % von 200 000 € = 5 000 €,
die Bearbeitungsgebühr 0,25 % = 500 €.

Bezugsbasis 1 Jahr

Zins = 8,5 % von 200 000 €	17 000 €
Disagio = 5 000 € : 4	1 250 €
Bearbeitungsgebühr 500 : 4	125 €
zusammen	18 375 €

Auszahlungsbetrag 97,5 % = 195 000 €

$$p = \frac{18\,375 \times 100 \times 360}{195\,000 \times 360} = 9{,}42\ \%$$

Fazit: Angebot B ist günstiger.

Sie können den Effektivzins bei Disagio auch mit der Formel ermitteln:

$$\text{Effektivzins} = \frac{\text{Nominalzins} \times \text{Nennbetrag}}{\text{Auszahlungsbetrag}} + \frac{\text{Disagio}}{\text{Laufzeit}}$$

Beispiel

Effektivzinssatz mit der Formel

Nennbetrag 10 000 €
Nominalzins 7 %
Auszahlungsbetrag 97 %
Laufzeit 5 Jahre

$$\text{Effektivzins} = \frac{7 \times 10\,000}{9\,700} + \frac{3}{5} = 7{,}8\ \%$$

Der Effektivzins ist für Sie auch dann wichtig, wenn Sie prüfen, ob für Sie der **Lieferantenkredit** oder ein **Bankkredit mit Skontoabzug** sinnvoll ist. Sie können das rechnerisch genau belegen, wie das folgende Beispiel zeigt.

Beispiel

Lieferantenkredit oder Bankkredit?

Ein Händler kann den Kauf von Waren durch einen Lieferantenkredit und einen Bankkredit finanzieren.

Rechnungsbetrag 199 000 €
Rechnungsdatum 10.07.
Zahlungsziel 30 Tage
Stundung des Kaufpreises bis zum 10.12.
Lieferantenkredit:
Verzugszinsen 9 %, Bearbeitungsgebühr 1%
Bankkredit:
Fälligkeitsdarlehen 200 000 €, Auszahlung 99,5 %, Zinssatz 10 %

a) Welches Finanzierungsangebot ist günstiger?

	Zahlungsziel 1 Monat		Kreditzeitraum 4 Monate	
10.07.		10.08.	120 Tage	10.12.

Lieferantenkredit

	Rechnungsbetrag	199 000 €
+	Verzugszinsen	5 970 €
+	Bearbeitungsgebühr	1 990 €
	insgesamt	206 960 €

$$Z = \frac{199\,000 \times 9 \times 120}{100 \times 360} = 5\,970\text{ €}$$

Bankkredit

Darlehen über 200 000 €

	Auszahlungsbetrag	199 000,00 €
+	Disagio	1 000,00 €
+	Zinsen	6 666,67 €
	insgesamt	206 666,67 €

$$Z = \frac{200\,000 \times 10 \times 120}{100 \times 360} = 6\,666{,}67\text{ €}$$

Kostenvergleich Lieferanten- und Bankkredit

	Lieferantenkredit	206 960,00 €
–	Bankkredit	206 666,67 €
	insgesamt	293,33 €

Fazit: Der Bankkredit ist günstiger.

b) Wie hoch ist der Effektivzinssatz in beiden Fällen?

Lieferantenkredit

$$p = \frac{Z \cdot 100 \times 360}{K \times t}$$

Z = Zinsen + Bearbeitungsgebühr
Z = 5 970 + 1 990 = 7 960 €

$$p = \frac{7\,960 \times 100 \times 360}{199\,000 \times 120} = 12\ \%$$

Bankkredit

$$p = \frac{Z \times 100 \times 360}{K \times t}$$

Z = Zinsen + Disagio
Z = 6 666,67 + 1 000 = 7 666,67 €

$$p = \frac{7\,666{,}67 \times 100 \times 360}{199\,000 \times 120} = 11{,}56\ \%$$

Anfänglich effektiver Jahreszins

Kreditinstitute berechnen bei Darlehen mit Laufzeiten von 20 bis 30 Jahren den Nominalzins und das Disagio nur für einen bestimmten Zeitraum, z. B. 5 oder 10 Jahre. Man spricht dann vom **anfänglich effektiven Jahreszins.** Der Kredit mit dem niedrigsten anfänglichen effektiven Jahreszins muss dann nicht zwangsläufig der günstigste Kredit sein.

Beim Vergleich der Kreditangebote sollten Sie darauf achten, ob der Effektivzins außer dem Disagio auch die Bearbeitungsgebühr enthält. Banken können nämlich das Disagio senken und dafür die Bearbeitungsgebühr erhöhen.

Möglich ist, dass das Disagio bei einer Zinsfestschreibungsfrist von 5 oder 10 Jahren verrechnet wird und die Bearbeitungsgebühr auf die Gesamtlaufzeit des Kredits verteilt wird. Je höher der Gebührenanteil ausfällt, umso niedriger wird der Effektivzinssatz bei unveränderter Restschuld. Der Bankkredit mit dem anfänglich niedrigsten Jahreszins braucht dann nicht unbedingt die vorteilhafteste Lösung sein. ■

Auswirkungen auf den Effektivzins hat es aber auch, ob Zinsen und Tilgung monatlich oder vierteljährlich zu entrichten sind. Es macht auch einen Unterschied, ob die Zahlungen zu Beginn oder am Ende der Periode zu entrichten sind.

Skontoinanspruchnahme mit Kredit

Der Effektivzinssatz spielt für Sie auch eine Rolle bei der Frage, ob die Inanspruchnahme von Skonto sinnvoll ist, wenn die Skontoausnutzung fremdfinanziert wird.

Beispiel

Skonto mit Bankkredit finanziert

Ein Unternehmen muss eine Rechnung über 77 000 € begleichen. Zahlungsbedingungen: Zahlung innerhalb von 10 Tagen mit 2 % Skonto oder 30 Tage netto.

a) Lohnt sich der Skontoabzug, wenn dafür ein Bankkredit aufgenommen werden muss? Die Bank berechnet 11 % Zins und 0,25 % Bearbeitungsgebühr.

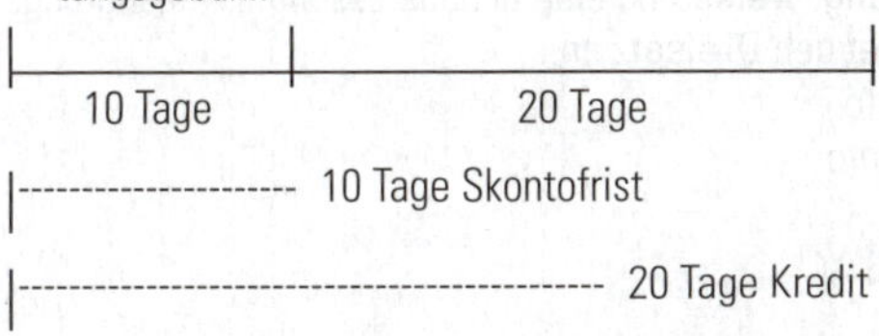

Skontoabzug

	Rechnungsbetrag	77 000,00 €
–	Skonto 2 %	1 540,00 €
	Überweisungsbetrag	75 460,00 €

Bankkredit

Die Kreditaufnahme entspricht dem Überweisungsbetrag.

Zinsen für 20 Tage

$$Z = \frac{75\,460 \times 11 \times 20}{100 \times 360} = 461{,}14\ €$$

0,25 % Bearbeitungsgebühr: 754,60 € : 4 = 188,65 €

	Zinsen	461,14 €
+	Bearbeitungsgebühr	188,65 €
=	Kreditgesamtkosten	649,79 €

Vergleich Skontoertrag und Kreditkosten

	Skontoabzug	1 540,00 €
–	Kreditkosten	649,79 €
	Gewinn Skontoabzug	890,21 €

Fazit: Der Skontoabzug mit gleichzeitigem Bankkredit lohnt sich, da so 890,21 € eingespart werden können.

b) Wie hoch ist der Effektivzinssatz für den Skontoabzug und den Bankkredit?

Skontoabzug

Effektivverzinsung beim Skontoabzug

Es gibt eine **näherungsweise** und eine genaue Lösung. Die näherungsweise Lösung wendet den **Dreisatz** an.

20 Tage – 2 % Skonto

360 Tage – x % Skonto

$$x = \frac{360 \times 2}{20} = 36\ \%$$

Die **genaue** Lösung berücksichtigt den Skontoabzug und die effektive Zahlung. Sie verwendet die **Zinsformel**, wobei nach p aufgelöst wird.

$$p = \frac{1\,540 \times 100 \times 360}{75\,460 \times 20} = 36{,}73\ \%$$

Bankkredit
Effektivverzinsung für den Kredit

$$p = \frac{649{,}79 \times 100 \times 360}{75\,460 \times 20} = 15{,}5\ \%$$

Fazit: Der Skontoabzug entspricht einem Jahreszinsfuß von 36,73 %, während für den Bankkredit 15,5 % gezahlt wird.

Effektivverzinsung von Wertpapieren

Der Effektivzinssatz hat auch im **Wertpapiergeschäft** große Bedeutung. Die Dividenden der Aktien und die Zinsen der festverzinslichen Wertpapiere werden vom Nenn- oder Nominalwert berechnet. Die Nominalverzinsung nimmt den Nennwert und nicht den Kaufpreis als Bezugsbasis.

Wenn Sie die **effektive Verzinsung** Ihrer Aktienanlage ermitteln wollen, dann müssen Sie die jährliche Dividende in Beziehung zum Kurswert (Kaufpreis) setzen.

$$\text{Effektivzins} = \frac{\text{Jahresertrag} + 100}{\text{Kurswert}}$$

Beispiel

Effektivverzinsung einer Anleihe

Wie hoch ist die Effektivverzinsung einer 6 % Anleihe des Bundes?

a) Bei einem Kurs von 110 %

$$\text{Effektivverzinsung} = \frac{6 \times 100}{110} = 5{,}45\ \%$$

b) Bei einem Kurs von 85 %

$$\text{Effektivverzinsung} = \frac{6 \times 100}{85} = 7{,}06\ \%$$

Aktienkauf, -verkauf und -rendite

Wenn Sie die Rendite Ihrer Aktienanlage ermitteln wollen, dann müssen Sie die beim Kauf und Verkauf anfallenden Nebenkosten berücksichtigen. Die Differenz zwischen Verkaufs- und Kaufabrechnung stellt dann einen „echten" Kursgewinn bzw. -verlust dar. Die erhaltenen Dividenden erhöhen Ihren Kursgewinn bzw. vermindern Ihren Kursverlust.

Die Rendite von Aktien entspricht der Effektivverzinsung. Außer dem angefallenen Ertrag sind das investierte Kapital und die Dauer zu erfassen.

Rechenbegriffe

Kurs	Stückkurs = Preis für eine Aktie
Kurswert	Kurswert = Anzahl Aktien x Kurs
Spesen	Berechnung vom Kurswert
Courtage	Maklergebühr
Provision	Bankprovision

Aktienmarkt und Rentenmarkt

Der Kapitalmarkt ist der Markt für langfristige Wertpapiere und gliedert sich in den **Aktienmarkt** und den **Rentenmarkt**.

Kapitalmarkt

Aktienmarkt	Rentenmarkt (= Anleihenmarkt)
■ inländische Aktien ■ ausländische Aktien	■ öffentliche Anleihen in- und ausländischer Schuldner ■ Privatplatzierungen von in- und ausländischen Schuldnern

Am **Rentenmarkt** werden festverzinsliche Wertpapiere gehandelt: Anleihen der öffentlichen Hand, Bankschuldverschreibungen und Industrieobligationen (Kapitel Anleihen).

Die wichtigsten Aktienindizes

Ein Aktienindex zeigt Trends und Entwicklungen des Aktienmarktes auf, da in ihm Kursinformationen über viele Aktien zusammenfließen. Zu seiner Berechnung werden solche Aktien ausgewählt, die für die Gesamtentwicklung möglichst repräsentativ sind. Die Kurse der verschiedenen Titel werden dabei entsprechend ihrer Bedeutung gewichtet.

Der wichtigste Aktienindex in Deutschland ist der *Deutsche Aktienindex (DAX)*. Er spiegelt die Entwicklung des Aktienmarktes auf der Grundlage von 30 deutschen Spitzenwerten wider und wird täglich errechnet. Der 31.12.1987 und der Wert von 1000 Punkten sind dabei Bezugsbasis. Außer der Kursentwicklung werden auch andere Erträge erfasst wie Abschläge, Dividenden und Bezugsrechte. Dadurch wird der DAX zu einem echten Erfolgsbarometer.

Der Mdax beinhaltet die nächsten 70 wichtigsten Unternehmen. Der Dax 100 umfasst die 100 bedeutendsten Unternehmen, also Dax 30 plus Mdax. Weitere Aktienindizes sind der Neue Markt für High-Tech-Unternehmen und SMAX für mittelständische Unternehmen.

Der *Stoxx* 50 beinhaltet 50 erstklassige Werte (so genannte Blue chips) aus Europa, einschließlich Großbritannien, Schweden und der Schweiz. Aus Deutschland sind Bayer, DaimlerChrysler, Deutsche Bank, Siemens und E-ON enthalten, aus der Schweiz sind es Credit Suisse Group, Nestlé, Novartis, Roche und UBS.

Der *Euro Stoxx 50* umfasst dagegen ausschließlich Aktien aus den Euro-Teilnehmerländern. Hier sind z. B. die deutschen Werte Allianz, BASF, Bayer, Deutsche Bank, DaimlerChrysler, RWE, Siemens, Telekom und E-ON enthalten.

Über die Entwicklung der US-Börse geben verschiedene Indizes Auskunft. *Der Dow-Jones-Index (Dow Jones Industrial Average)* ist der bekannteste amerikanische Aktienindex und zugleich die wichtigste Börsenkennnziffer überhaupt. Er erfasst die Kursentwicklung der 30 führenden Industriewerte, z. B. von DuPont, IBM, Microsoft, McDonald's und General Motors.

Seit einigen Jahren erfasst der *Dow Jones Global Titans Index* die 50 weltweit wichtigsten Unternehmen nach den Kriterien Marktkapitalisierung, Bilanzvermögen sowie Umsatz und Gewinn. Ihm gehören US-Unternehmen (z. B. Mircosoft, General Electric, IBM, Wal-Mart, Exxon) und europäische Unternehmen (z. B. Royal Dutch, Deutsche Telekom, Novartis, DaimlerChrysler, Nestlé, Siemens) an.

Aktienhandel erfolgt über Banken

Banken und Sparkassen vermitteln den Kauf und Verkauf von Aktien sowie festverzinslichen Wertpapieren; sie haben den Zugang zur Börse. Die Bank ist als Kommissionär an die Weisungen des Kunden, des Auftraggebers, gebunden.

Die Bank wird für den Auftraggeber tätig, kann damit **Provision** verlangen. Sie kann von ihrem Selbsteintrittsrecht als Kommissionär Gebrauch machen und Aktien aus eigenen Beständen verkaufen.

Für die Vermittlung des Auftrags durch den Börsenmakler ist eine Courtage zu entrichten.

Spesensätze für den Aktienkauf und -verkauf

Provision (Bankgebühr)	1 % vom Kurswert, je nach Bank auch weniger
Courtage (Maklergebühr)	1 ‰ vom Kurswert, je nach Bank auch weniger

Aktienkauf

Der Bankkunde Oliver King kaufte 300 BASF-Aktien zum Stückkurs von 59,50 € über seine Hausbank. Diese berechnete ein Provision von 1 % des Kurswertes. Die Maklergebühr (Courtage) beträgt 0,6 % des Kurswertes. Über welchen Betrag lautet die Kaufabrechnung der Bank?

Kaufabrechnung der Bank

	300 BASF-Aktien à 59,50 €	17 850,00 €
+	Provision 1 % vom Kurswert	178,50 €
+	Maklergebühr 0,6 % des Kurswertes	107,10 €
=	Bankbelastung	18 135,60 €

Aktienverkauf

Herr King verkauft die 300 BASF-Aktien zum Stückpreis von 64,00 €. Die Verkaufsabrechnung sieht folgendermaßen aus (Provision und Maklergebühr wie beim Kauf):

Verkaufabrechnung der Bank

	300 BASF-Aktien à 64,00 €	19 200,00 €
–	Provision 1 % vom Kurswert	192,00 €
–	Maklergebühr 0,6 % des Kurswertes	115,20 €
=	Bankgutschrift	18 892,80 €

Dividendenzahlungen und Kursgewinne

Die Aktionäre der BASF erhielten eine Bardividende von 1,30 € je Aktie. Welchen Ertrag hat Herr King aus den verkauften Aktien bereits erzielt, wobei auch die Kapitalertragsteuer von 25 % zu berücksichtigen ist?

	Bankgutschrift		18 892,80 €
–	Bankbelastung		18 135,60 €
=	Kursgewinn		757,20 €
+	Bardividende 300 Stück =	390,00 €	
	– Kapitalerstragsteuer 25 %	97,50 €	292,50 €
=	Ertrag		1 049,70 €

Der Ertrag in Aktien hängt weniger von der Höhe der Dividende ab, sondern in viel stärkerem Maße von dem Kurs, zu dem die Aktie gekauft und verkauft wurde. Natürlich ist auch die Dauer der Anlage zu berücksichtigen.

Rendite von Aktien

Wie hoch ist die Effektivverzinsung der Kapitalanlage, wenn Herr King die Aktien vom 25.01. bis zum 30.10. in seiner Verfügung hatte?

25.01. bis 30.10. sind 275 Tage
275 Tage ergeben 1 049,70 €
360 Tage ergeben 1 374,15 €
Kapitaleinsatz 18 135,60 €

$$\text{Effektivverzinsung} = \frac{1\,374{,}15 \times 100}{18\,135{,}60} = 7{,}58\,\%$$

Lösung mit der Zinsformel:

$$\text{Effektivverzinsung} = \frac{1\,049{,}70 \times 100 \times 360}{18\,135{,}60 \times 275} = 7{,}58\,\%$$

Versteuerung von Aktiengewinnen: das Halbeinkünfteverfahren

Kapitalgesellschaften müssen für Gewinne Körperschaftsteuer zahlen. Die Unternehmens-Steuerreform 2001 sieht inzwischen für die AG und die GmbH einen einheitlichen

Körperschaftsteuersatz von 25 % für einbehaltene und ausgeschüttete Gewinne vor. Da Kapitalgesellschaften damit jetzt weniger Steuern wie früher zahlen müssen, stärkt dies ihre Selbstfinanzierungskraft.

Die Körperschaftsteuer ist jetzt auch eine Definitivsteuer, die immer in gleicher Höhe gezahlt und nur einmal entrichtet werden muss.

Welche Steuern kommen nun auf die Inhaber einer (Aktien-)Gesellschaft zu? Als Aktionär wie auch als Gesellschafter einer GmbH müssen Sie die Gewinnausschüttungen, die Sie erhalten, versteuern. Allerdings seit der Unternehmens-Steuerreform nur noch zur Hälfte. Daher spricht man auch vom **Halbeinkünfteverfahren.** Sowohl ausgeschüttete Gewinne als auch die damit zusammenhängenden Werbungskosten sind in der Einkommensteuer nur noch mit 50 % zu erfassen. Auch Dividenden werden damit nur noch zur Hälfte besteuert.

Bis einschließlich Geschäftsjahr 2000 konnte sich der Aktionär die von der AG bereits entrichtete Körperschaftsteuer von damals 30 % auf seine persönliche Einkommensteuer anrechnen lassen. Beim so genannten Anrechnungsverfahren wird die Körperschaftsteuer als eine Vorauszahlung auf die Einkommensteuer des Aktionärs betrachtet.

Nach dem Anrechnungs- und dem Halbeinkünfteverfahren muss der Aktionär – wie auf andere Kapitalerträge auch – Kapitalertragsteuer zahlen. Die Kapitalgesellschaft führt daher gleich 20 % der Kapitalerträge der Dividende zu Lasten des Anteilseigners an das Finanzamt ab.

Als Aktionär verdienen Sie das meiste Geld durch Kurssteigerungen und nicht durch Dividenden. Um auf Kurssteigerungen aber keine Spekulationssteuer zahlen zu müssen, sollten Sie Folgendes beachten:

- Die Spekulationsfrist beträgt 12 Monate. Sie müssen eine Spekulationssteuer zahlen, wenn Sie innerhalb eines Jahres Aktien mit Gewinn verkaufen.

Beachten Sie die Freigrenze für Kapitalerträge (im Jahr 2001 beträgt sie 1 000 DM bzw. 511,29 €) Nach dem Halbeinkünfteverfahren können Sie die Freigrenze jedoch verdoppeln, denn Sie müssen ja nur die Hälfte Ihrer Einkünfte aus Aktien versteuern. Sie dürfen also im Jahr 2001 steuerfrei 2 000 DM bzw. 1 022,58 € an Ihren Aktien verdienen.

Da der Aktionär nur die Hälfte seiner Einkünfte versteuern muss, kann er auch nur die Hälfte seiner Werbungskosten geltend machen.

Beispiel: Besteuerung von Dividenden nach dem Halbeinkünfteverfahren

Eine AG hat einen Gewinn von 100 Mio. € erwirtschaftet. Da 25 % Körperschaftsteuer zu entrichten sind, können 75 Mio. € Gewinne einbehalten oder an die Aktionäre ausgeschüttet werden.

Angenommen, der Aktionär Michael Miller erhielte eine Dividenden von 1 200 €. Beim Aktionär unterliegt nach dem Halbeinkünfteverfahren nur Hälfte von 1 200 € der Steuer. Die 600 € Dividendeneinkünfte des Aktionärs unterliegen seinem individuellen Einkommensteuersatz. Wenn der individuelle Steuersatz von Herrn Miller z. B. 37 % beträgt, dann ergibt sich folgende Berechnung:

	Erhaltene Dividende	1 200 €
–	Steuer beim Aktionär 37 % der Hälfte von 1 200 €	222 €
=	Dividende nach Einkommensteuer	978 €

Würde Herr Miller eine Dividende von 30 000 € erhalten und müsste er den Spitzensteuersatz von 48,5 % entrichten, dann ist die Dividende nach Einkommensteuer entsprechend zu ermitteln.

	Erhaltene Dividende	30 000 €
–	Steuer beim Aktionär 48,5 % der Hälfte von 30 000 €	7 200 €
=	Dividende nach Einkommensteuer	22 800 €

Anleihen

Anleihen, Pfandbriefe und Industrieobligationen sind Rentenwerte, die von der öffentlichen Hand und von privaten Unternehmen zur Finanzierung von Investitionsvorhaben ausgegeben werden. Diese Wertpapiere lauten über eine Geldschuld, haben eine lange Laufzeit und einen gleich bleibenden Ertrag. Die Zinsen werden gewöhnlich jährlich oder halbjährlich nachträglich gezahlt.

Anleihen sind Schuldverschreibungen

Anleihen sind **Schuldverschreibungen**, wobei der Schuldner den auf den Wertpapieren angegebenen Betrag (= **Nennwert**) für einen bestimmten Zeitraum (= Laufzeit) zu einem festen Zinssatz geliehen hat. Der Schuldner garantiert regelmäßige Verzinsung und Rückzahlung am Ende der Laufzeit.

Während die **Anleihen** von Bund, Ländern und Gemeinden durch Steuereinnahmen abgesichert sind, erfolgt die Absicherung bei den **Pfandbiefen** der Hypothekenbanken und den **Industrieobligationen** durch erstrangige Grundschulden und Hypotheken im Grundbuch.

Mantel, Zinsscheinbogen und Zinsscheine

Festverzinsliche Wertpapiere bestehen aus:

- **Mantel**, d. h. der eigentlichen Urkunde
- **Zinsscheinbogen**, der aus den **Zinsscheinen** (= **Coupons**) und dem **Erneuerungsschein** (= **Talon**) besteht.

Der Schuldner zahlt für jeden Zinsschein bei Vorlage und Fälligkeit den Zins. Wenn alle Zinsscheine vom Zinsscheinbogen abgetrennt sind, wird mit Hilfe des Erneuerungsscheins ein neuer Zinsscheinbogen angefordert.

Diese Aufgaben übernimmt Ihre Bank für Sie im Rahmen der Wertpapierverwaltung. Die Bank tätigt auch Käufe und Verkäufe für Sie an den verschiedenen Börsenplätzen, wobei im Ausnahmefall auf Wunsch auch eine physische Lieferung der Wertpapiere erfolgen kann.

Nennwert und Kurswert

Der **Nennwert** ist der auf dem Wertpapier aufgedruckte Wert, z. B. 100 €, 1 000 € Nennwert. Die Zinsen werden vom Nennwert berechnet.

Kurs ist der Preis, der sich durch Angebot und Nachfrage für Wertpapiere oder Devisen an der Börse bildet. Der Preis für festverzinsliche Wertpapiere wird als Prozentkurs für 100 € Nennwert (= 100 %) angegeben.

Prozentkurs = Preis für 100 € Nennwert in %

Der **Kurswert** ist der Preis der Wertpapiere und hängt von der Höhe des Nennwertes und des Prozentkurses ab.

$$\text{Kurswert} = \frac{\text{Nennwert x Kurs}}{100}$$

Kauf und Verkauf einer Anleihe

Beispiel

Christine Groß kaufte am 16.02. bei ihrer Bank 32 000 € 7%ige Pfandbriefe zum Kurs von 99 %, Zinstermin J/J **ohne** Zinsscheinbogen. Sie verkaufte die Wertpapiere am 18.05. des folgenden Jahres zu einem Kurs von 102,5 % **mit** Zinsscheinbogen.

- Wie lauten Kauf- und Verkaufsabrechnung der Bank?
- Wie hoch sind der Kursgewinn und die Effektivverzinsung des in den Pfandbriefen angelegten Kapitals?

Provision und Maklergebühr (Courtage)
Die Bank berechnet eine Provision von 0,5 %, die auf eine Stelle hinter dem Komma aufzurunden ist. Der Kurswert ist Berechnungsgrundlage, wenn er über dem Nennwert liegt. Ist der Kurswert dagegen niedriger als der Nennwert, dann ist letzterer anzuwenden.
Die Maklergebühr beträgt 0,75 ‰ vom Nennwert und wird ebenfalls gerundet.

Kaufabrechnung der Bank:

	32 000 € 7 % Pfandbriefe zu 99	31 680,00 €
+	Provision 0,5 % vom Nennwert	160,00 €
+	Maklergebühr 0,75 ‰ vom Nennwert	24,00 €
–	Stückzinsen 7 % für 134 Tage	833,78 €
=	Bankbelastung	31 030,22 €

Verkäufer behält den Zinsschein

Der Verkäufer erhält Anfang Juli bei Vorlage des Zinsscheines den Zins über 180 Tage ausbezahlt. Die Käuferin erhält ihren

Zinsanteil von 134 Tagen im voraus, also bereits beim Kauf. Die Kaufabrechnung vermindert sich deshalb entsprechend.

Januar	Februar 16.02.	März	April	Mai	Juni

Anspruch des Verkäufers: 46 Tage

Anspruch des Käufers: 134 Tage

$$Z = \frac{K \times p \times t}{100 \times 360} \qquad Z = \frac{32\,000 \times 7 \times 134}{100 \times 360} = 833{,}78\ €$$

Verkaufsabrechnung der Bank:

	32 000 € 7 % Pfandbriefe zu 102,5	32 800,00 €
–	Provision 0,5 % vom Kurswert	164,00 €
–	Maklergebühr 0,75 ‰ vom Nennwert	24,00 €
+	Stückzinsen 7 % für 138 Tage	858,67 €
=	Bankgutschrift	33 470,67 €

Käufer bekommt den Zinsschein

Frau Groß als Verkäuferin hat im vorliegenden Fall einen Zinsanspruch über 138 Tage, da sie den letzten Zinsschein an den Käufer abtrat.

Januar	Februar	März	April	Mai 18.05.	Juni

Anspruch des Verkäufers: 138 Tage

Anspruch Käufer: 42 Tage

$$Z = \frac{K \times p \times t}{100 \times 360} \qquad Z = \frac{32\,000 \times 7 \times 138}{100 \times 360} = 858{,}67\ €$$

Wie hoch ist die Effektivverzinsung des in den Pfandbriefen angelegten Kapitals?

Reingewinn (Kursgewinn und Zinsen)

	Verkaufswert der Pfandbriefe	33 470,67 €
–	Kaufwert der Pfandbriefe	31 030,22 €
=	Kursgewinn mit Zinsen	2 440,45 €
+	Zinsen für ein Halbjahr, Auszahlung am 01.01.	1 120,00 €
=	Reingewinn	3 560,45 €

$$Z = \frac{32\,000 \times 7 \times 180}{100 \times 360} = 1\,120\ €$$

Frau Groß erhielt am 01.07. keine Zinsen, da der Verkäufer den Zinsscheinbogen behielt. Sie bekam aber am 01.01. des folgenden Jahres eine Zinszahlung. Am folgenden 01.07. erhält sie ebenfalls keine Zinszahlung, da sie den Zinsscheinbogen verkauft hat.

02	03	04	05	06	07	08	09	10	11	12	01	02	03	04	05
16					01						01				18
Kauf ohne Zinsschein					keine Zinszahlung						Zinszahlung				Verkauf ohne Zinsschein

16.02. bis 18.05. des folgenden Jahres ergibt 452 Tage

$$\text{Effektivzins } p = \frac{3\,560{,}45 \times 100 \times 360}{31\,030{,}22 \times 452} = 9{,}14\ \%$$

■ *Pfandbriefe sind eine interessante Alternative zu Bundesanleihen mit entsprechender Laufzeit, weil sie oft einen Renditevorteil bieten.* ■

Bonität und Rating von Anleihen

Die Qualität von festverzinslichen Wertpapieren hängt von der **Bonität** des Anleiheschuldners ab. Man versteht unter dem „Bonitätsrisiko" die Gefahr der Zahlungsunfähigkeit des Schuldners.

Beim Kauf von Anleihen sollten Sie auf die **Bonität des Emittenten** achten, insbesondere beim Kauf von Auslandsanleihen. Die Emissionsvorschriften sind nicht in allen Ländern so streng wie in Deutschland.

Die amerikanischen Rating-Agenturen Standard & Poor's (S & P) und Moody's Investor Service stufen die Bonität von Emittenten als Schuldner ein, das als **Rating** bezeichnet wird.

Die Einstufung reicht von AAA über AA und A zu BBB bis schließlich D. Das dreifache A bedeutet herausragend starke Fähigkeit zur Zahlung von Zinsen und Tilgung. BBB gilt als befriedigend. Ein konkursreifes Unternehmen wird mit C bzw. D eingestuft.

■ *Ein schlechtes Rating bedeutet ein hohes Ausfallrisiko. Der Emittent muss folglich die Anleihe mit einem höheren Zins ausstatten. Die Rendite ist umso höher, je niedriger das Rating ist.* ■

Sonderformen festverzinslicher Wertpapiere

- **Auslandsanleihen** können Euro-**Auslandsanleihen** sein. Sie sind von ausländischen Emittenten ausgegeben und lauten auf €. **Fremdwährungsanleihen** sind Schuldverschreibungen ausländischer Emittenten in einer ausländischen Währung.

- **Wandelschuldverschreibungen** sind Anleihen mit laufender Verzinsung. Es besteht das Recht, die Anleihen zu einem späteren Zeitpunkt in Aktien umzuwandeln.

- **Optionsanleihen** sind Anleihen mit der Berechtigung, innerhalb einer bestimmten Frist Aktien zu erwerben.

- **Zero-Bonds (= Nullkuponanleihen)** gewähren keine laufende Verzinsung. Die Gesamtverzinsung ergibt sich aus der Differenz zwischen dem Rücknahmepreis bei der Tilgung und dem Einstandspreis.

Bei festverzinslichen Wertpapieren kann der Emittent entscheiden, ob er bestehende Emissionen auf Euro umstellt. Festverzinsliche Wertpapiere und Zinsen, die ab 2002 fällig werden, müssen aber in Euro ausgezahlt werden, wobei ein Kurs von 1 Euro = 1,95583 DM gilt.

Diskontierung von Wechseln

Wenn Sie Gläubiger sind, dann können Sie zur Sicherung Ihrer Forderung einen Wechsel auf den Schuldner ziehen. Der Wechsel ist eine Urkunde, eine schriftliche Zahlungsanweisung, einen bestimmten Geldbetrag zu einem späteren Zeitpunkt an eine genannte Person zu zahlen. Der Gläubiger erhält durch den Verkauf eines Wechsels vor dem Fälligkeitstag flüssige Mittel. Banken kaufen solche Wechsel ihrer Kunden an und bevorschussen so deren Forderungen. Für die Zeit zwischen Ankaufstag und Verfalltag eines Wechsels gibt es einen Zinsabzug, den Diskont. Die Diskontierung von Wechseln gehört zu den traditionellen Bankgeschäften.

Nennwert und Barwert

Der an einem bestimmten Verfalltag fällige Wechsel lautet auf einen bestimmten Betrag, den **Nennwert**. Wenn ein Wechsel zur Diskontierung eingereicht wird, dann wird für die Zeit zwischen Ankaufstag und Verfalltag ein Zinsabzug vorgenommen.

Nennwert – Diskont = Barwert

Der **Diskont** wird für die Zeit vom Diskontierungsdatum bis zum Fälligkeitsdatum des Wechsels berechnet. Der um den Diskont verminderte Wechsel heißt **Barwert**.

■ *Wenn Sie einen Wechsel besitzen, dann haben Sie vier verschiedene Verwendungsmöglichkeiten:*
- *am Verfalltag dem Bezogenen vorlegen*
- *Wechsel als Zahlungsmittel an einen Lieferanten weitergeben (indossieren)*
- *Wechsel der Bank zum Inkasso einreichen*
- *Diskontierung des Wechsels bei der Bank.* ■

Diskontierung und Rediskontierung

Die Diskontierung von Wechseln bedeutet die Einräumung eines **kurzfristigen** Kredites. Sie haben beim **Wechseldiskontkredit (= Diskontkredit)** die Möglichkeit, Wechsel bis zu einer bestimmten Höhe bei Ihrer Bank einzureichen.

■ *Der Wechseldiskontkredit ist wie der Kontokorrentkredit ein flexibler Kredit, d. h. der Kunde kann ihn in dem von ihm gewünschten Umfang bis zur Obergrenze beanspruchen.* ■

Seit Anfang 1999 können die Banken Wechsel nicht mehr an die Deutsche Bundesbank zum Diskontsatz verkaufen. Durch den Wegfall dieser günstigen Refinanzierung ist der Diskontkredit nicht mehr so "billig" für die Bankkunden. Der Handelswechsel behält aber seine Funktion als Sicherungs-, Zahlungs- und Finanzierungsmittel. Mit ihm kann sich der Unternehmer Liquidität verschaffen, wobei aber bestimmte Formalitäten und Vorsichtsmaßnahmen zu beachten sind.

Elf Mitgliedstaaten der Europäischen Union haben die Verantwortung für die Geldpolitik an das Europäische System der

Zentralbanken (ESZB) übertragen. Das ESZB besteht aus der Europäischen Zentralbank (EZB) in Frankfurt/Main und den nationalen Zentralbanken. Die Steuerung der Geldmenge und die Beeinflussung der Zinssätze erfolgt bevorzugt durch die Offenmarktpolitik, den Kauf und Verkauf von Wertpapieren.

Ferner können sich die Geschäftsbanken durch ständige **Fazilitäten** refinanzieren. Eine Bank kann einen Kredit bei der Bundesbank aufnehmen, wenn sie Termineinlagen mit einer festen Laufzeit als Sicherheit anbietet. Wechsel der Kunden können ebenfalls ein Pfand für eine Kreditgewährung sein. Die Einlagenfazilität stellt dabei den tiefsten Einlagezins und damit den unteren Zinsrahmen dar, der so genannte "Übernachtungskredit" den oberen Zinsrahmen.

Die Bundesbank nimmt nur "gute Handelswechsel" an, also nur von solchen Unternehmen, deren Bonität durch eine Prüfung des Jahresabschlusses von einer Landeszentralbank festgestellt wurde. Das geprüfte Unternehmen erhält den Vermerk "notenbankfähig" bzw. "nicht notenbankfähig".

■ *Welche Anforderungen stellt die Bundesbank an Wechsel?*
- *Laufzeit mindestens 1, höchstens 6 Monate*
- *kein Mindestbetrag*
- *Wechselschuldner hat Sitz in Deutschland*
- *ein Beteiligter am Wechselgeschäft muss als notenbankfähig eingestuft sein*
- *Abzinsung zum 3-Monats-Euribor-Satz*
- *Bewertungsabschlag 2 %.* ■

Basiszinssatz und Abrechnungssatz

Diskontsatz und Lombardsatz wurden abgeschafft. Da der Diskontsatz aber bei vielen Verträgen noch eine wichtige Rolle spielt, wurde der **Basiszinssatz** eingeführt. Er wird dreimal jährlich durch die Bundesbank ermittelt.

Der **Abrechnungszinssatz** der Banken ist der Zinssatz, zu dem sie die Wechsel ihrer Kunden abrechnen. Er orientiert sich nach den aktuellen Geldmarktsätzen.

■ *Die Höhe des Abrechnungssatzes wird in den Kreditgesprächen zwischen Kunde und Bank vereinbart und hängt von folgenden Faktoren ab:*
- *der Bonität des Bankkunden*
- *der Qualität der eingereichten Wechsel*
- *den Wechselsummen*
- *der Laufzeit der Wechsel*
- *dem Verhandlungsgeschick von Bank und Kunden.* ■

Berechnung der Diskonttage

Durch die Ausstellung des Wechsels am **Ausstellungstag** entsteht ein Geldanspruch. Der Geldbetrag ist am **Verfalltag** (= Fälligkeitstag) zu bezahlen. Wenn das Unternehmen den Wechsel zu einem früheren Tag bei der Bank diskontieren lässt, dann ist Diskont für die Zeit zwischen **Ankaufstag** (= Einreichungstag) und Verfalltag zu entrichten.

Beispiel

Ausstellungs-, Ankaufs- und Verfalltag

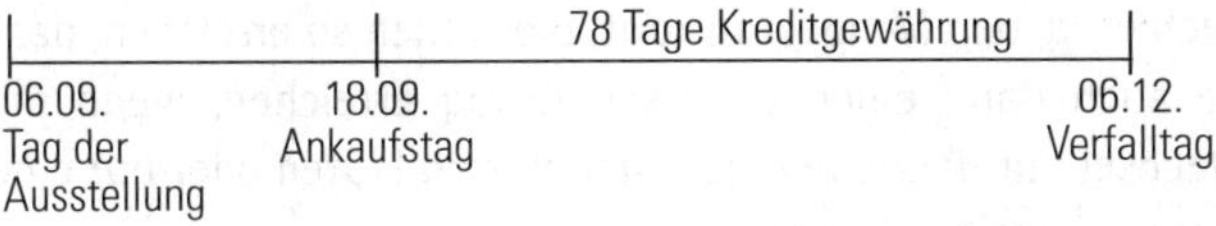

Die **Tageberechnung** bei der Diskontierung von Wechseln erfolgt nach den Regeln der Zinsberechnung von Kaufleuten oder nach der Eurozinsmethode (Kapitel Zinsrechnen).

Diskontieren eines Wechsels

Bei der Abrechnung von Wechseln sollten Sie berücksichtigen, dass der Diskont dem Zins und die Diskontzahl der Zinszahl entspricht (Kapitel Zinsrechnen).

Beispiel

Diskontieren eines Wechsels durch die Bank

Großhändler Lindt reicht am 17. März seiner Hausbank den Wechsel seines Kunden Saier über 30 000 € zum Diskont ein. Der Abrechnungssatz der Bank beträgt 9 %. Wie hoch ist die Gutschrift der Bank, wenn der Wechsel in 80 Tagen fällig ist?

$$\text{Zins} = \frac{\text{Zinszahl}}{\text{Zinsdivisor}} \quad \text{bzw. Diskont} = \frac{\text{Diskontzahl}}{\text{Zinsdivisor}}$$

$$\text{Diskontzahl} = \frac{30\,000 \times 80}{100}$$

$$\text{Diskont} = \frac{300 \times 80}{\frac{360}{9}} = 600$$

Bankgutschrift: 29 400 €

Mindestdiskont und Mindestdiskontzahl

Die Banken stellen für jeden Wechsel einen Mindestbetrag in Rechnung, den **Mindestdiskont**. Sie wollen so erreichen, dass sie auch dann einen gewissen Ertrag erreichen, wenn die Wechsel nur über einen geringen Betrag lauten oder nur eine kurze Laufzeit aufweisen.

Wenn der Mindestdiskontbetrag eines Wechsels nicht erreicht wird, dann wird die ermittelte **Mindestdiskontzahl** in das Abrechnungsschema eingetragen.

Dem Mindestdiskont entspricht die Mindestdiskontzahl. Die Mindestdiskontzahl lässt sich aus der kaufmännischen Zinsformel ableiten. Die Mindestdiskontzahl hängt vom Mindestdiskont und dem Abrechnungssatz der Bank ab, was sich im Zinsdivisor zeigt.

$$\text{Zinsen (Diskont)} = \frac{\text{Zinszahl (Diskontzahl)}}{\text{Zinsdivisor}}$$

Für den Mindestdiskont gilt folglich:

$$\text{Mindestdiskont} = \frac{\text{Mindestdiskontzahl}}{\text{Zinsdivisor}}$$

$$\text{Mindestdiskontzahl} = \text{Mindestdiskont} \times \text{Zinsdivisor}$$

oder

$$\text{Mindestdiskontzahl} = \text{Mindestdiskont} \times \frac{360}{p}$$

Beispiel

Berechnung der Mindestdiskontzahl

Der Mindestdiskont betrage 4 €, die Abrechnungssätze der Bank 4 % und 6 %.

Der Zinsdivisor lautet bei 4 %: 360 : 4 = 90
Der Zinsdivisor lautet bei 6 %: 360 : 6 = 60

Mindestdiskont	x	Zinsdivisor	=	Mindestdiskontzahl
4	x	90	=	360 (bei 4 € und 4 %)
4	x	60	=	240 (bei 4 € und 6 %)

Wenn der Mindestdiskont 10 € beträgt und die Abrechnungssätze der Bank 8 % und 9 %, dann lautet der Mindestdiskont jeweils:

Mindestdiskont x Zinsdivisor = Mindestdiskontzahl				
10	x	45	=	450
10	x	40	=	400

Diskontieren von mehreren Wechseln

Die Diskontierung mehrerer Wechsel erfolgt nach dem Prinzip der summarischen Zinsrechnung und dem dort angewandten Abrechnungsschema (Kapitel Zinsrechnen). Möglich wäre es natürlich auch, den Diskont je Wechsel einzeln vorzunehmen.

Beispiel

Diskontieren von mehreren Wechseln in einer Abrechnung

Ein Unternehmen diskontiert bei der Volksbank am 11.12. drei Wechsel:

6 000 €, fällig am 19.12.
800 €, fällig am 03.02.
2 500 €, fällig am 10.03.

Die Bank rechnet mit einem Abrechnungssatz von 9 % ab. Außerdem fallen Auslagen in Höhe von 5,50 € an.

			11.12.
Beträge	Verfall	Tage	Zinszahlen
6 000 €	19.12.	8	480
800 €	3.02.	52	416
2 500 €	10.03.	89	2 225
9 300,00 €			3 121 : 40 = 78,03
78,03 € Diskont			
5,50 € Auslagen			
9 216,47 € Barwert			

Diskontieren von Wechseln mit Mindestdiskont

Beispiel

Wechseldiskontierung mit Mindestdiskont

Die Firma Stahlbau Hofmann GmbH reicht bei der Dresdner Bank folgende Wechsel am 10.05. ein:

8 425 €, am 15.05. zahlbar in Bous/Saar
920 €, am 20.05. zahlbar in Weimar
28 960 €, am 24.06. zahlbar in Dresden
40 700 €, am 27.07. zahlbar in Ulm/Donau
8 544 €, am 05.08. zahlbar in Nürnberg

Wechsel bis 10 000 € werden mit 10 %, über 10 000 € werden mit 9 % diskontiert. Der Mindestdiskont beträgt 7 DM. Für den ersten nicht bundesbankfähigen Wechsel fällt eine Inkassoprovision von 2,5 ‰ an.

Lösung:

Mindestdiskontzahl = Mindestdiskont x Zinsdivisor

bei 10 %: 7 x $^{360}/_{10}$ = 252

bei 9 %: 7 x $^{360}/_{9}$ = 280

Tageberechnung nach der Eurozinsmethode

					10.05.
Beträge	Ort	Fällig	Tage	Zinszahl 10 %	Zinszahl 9 %
8 425 €	Bous/Saar	15.05.	5	421	
920 €	Weimar	20.05.	10	(92) 252	
28 960 €	Dresden	24.06.	45		13 032
40 700 €	Ulm	27.07.	78		31 746
8 544 €	Nürnberg	05.08.	87	7 433	
87 549,00 €				8 106	44 778
– 225,17 €	10 % Diskont			: 36 =	: 40 =
–1 119,45 €	9 % Diskont			225,17	1119,45
– 21,06 €	Inkassoprovision				
86 183,32 €	Barwert				

Wenn Sie eine Schuld an Ihren Gläubiger haben und durch die Übergabe von Wechseln vermindern wollen, dann müssen Sie die **Restschuld** berechnen.

Beispiel

Ermittlung der Restschuld

Die Hufschmied OHG erhält zum Ausgleich einer Forderung über 82 845 € 4 Wechsel, die sie am 08.10. bei ihrer Hausbank zum Diskont einreicht.

24 800 €, fällig am 02.11. zahlbar in München
6 260 €, fällig am 04.11. zahlbar in Haslach (Nebenplatz)
32 084 €, fällig am 22.12. zahlbar in Essen
9 735 €, fällig am 02.01. zahlbar in Hamburg

Die Bank rechnet die Bankplatzwechsel zu 7,5 % und den Nebenplatzwechsel zu 9 % ab. Der Mindestdiskont je Wechsel beträgt 5 €, für Wechsel Nr. 3 fallen Gebühren in Höhe von 12 € an.

Welchen Betrag schreibt die Bank der Hufschmied OHG gut? Wie hoch ist die Restschuld des Kunden?

Lösung

Mindestdiskontzahl	= Mindestdiskont	x Zinsdivisor	
bei 7,5 %:	5	x 48	= 240
bei 9 %:	5	x 40	= 200

Kaufmännische Tageberechnung

					08.10.
Beträge €	Ort	Fällig	Tage	Zinszahl 7,5 %	Zinszahl 9 %
24 800 €	München	02.11.	24	5 952	
6 260 €	Haslach	04.11.	26		1 628
32 480 €	Essen	22.12.	74	24 035	
9 735 €	Hamburg	02.01.	84	8 177	
73 275,00 €				38 164	1 628
– 795,08 €	7,5 % Diskont			: 48 =	: 40 =
– 40,70 €	9 % Diskont			795,08	40,70
– 12,00 €	Auslagen				
72 427,22 €	Barwert				

Ermittlung der Restschuld des Kunden

	Schuld des Kunden	82 845,00 €
–	Barwert der Wechsel	72 427,22 €
	Restschuld des Kunden	10 417,78 €

■ *Nebenplatzwechsel sind nicht an einem Bankplatz zahlbar. Sie werden in der Regel zu einem höheren Abrechnungssatz abgerechnet. Es kann auch noch eine Nebenplatzgebühr berechnet werden.* ■

Leasing oder Kauf?

Vor jeder Investitionsentscheidung stellt sich die Frage, wie die Investition finanziert werden kann.

Leasing kann eine interessante Alternative zum Barkauf oder Kreditkauf sein. Die Kreditfinanzierung ist zwar gewöhnlich billiger, sie bindet aber mehr liquide Mittel. Da Leasing auch zu einer steuerlichen Entlastung führt, lohnt es sich, über diese Art der Finanzierung genauer Bescheid zu wissen.

Was ist Leasing?

Leasing (engl. *to lease* = mieten, vermieten) ist die mittel- und langfristige Vermietung oder Verpachtung von Anlagegütern durch den Hersteller oder eine Leasinggesellschaft. Der Leasinggeber übernimmt in der Regel noch Leistungen wie Reparatur, Wartung und Versicherung.

Welchen Finanzierungsvorteil bietet Ihnen Leasing? Das Eigenkapital wird geschont und kann für andere Investitionen eingesetzt werden. Dies gilt im übrigen auch für Fremdkapital, da der eingeräumte Kreditrahmen erhalten bleibt.

Die Liquidität wird nicht gleich in vollem Umfang beansprucht, sondern der Kapitalrückfluss wird auf die Dauer des Vertrages verteilt. Leasing erhöht die finanzielle Flexibilität des Unternehmens. Die Abhängigkeit von der derzeitigen Liquiditätslage des Unternehmens ist gering, da sich die Leasingzahlungen auf den gesamten Mietzeitraum verteilen. Die

Zahlung der Leasingraten erfolgt aus den erwirtschafteten Erträgen des Investitionsobjektes.

Bilanzierung bei Leasing

Leasing-Güter werden im Regelfall vom Leasinggeber bilanziert, und der nimmt auch die Abschreibung vor. Der Leasingnehmer aktiviert die geleasten Wirtschaftsgüter nicht, während bei der Kauffinanzierung eine Aktivierung erfolgt.

Der **Kreditkauf** bewirkt eine Bilanzverlängerung. Der Käufer nimmt hier die Abschreibung vor und setzt Fremdkapitalzinsen als Aufwand an.

Arten des Leasing

nach den Leasing-Objekten

Immobilien-Leasing	Mobilien-Leasing
Verwaltungs-, Geschäfts- und Fertigungsgebäude mit Laufzeiten von 15 bis 30 Jahren	Leasing von Investitionsgütern (z. B. Nutzfahrzeuge, Maschinen) und von Konsumgütern (Fernsehgeräte)

nach der Vertragsdauer und Kündigung

Operating-Leasing	Finanzierungs-Leasing
Vertragsverhältnis ist bei Konsumgütern (Standardwirtschaftsgütern) jederzeit kündbar. Es gibt keine Grundmietzeit.	Hat einen langfristigen Charakter, Mobilien und Immobilien kommen in Betracht. Während der Grundmietzeit ist das Vertragsverhältnis nicht kündbar.

Leasingverträge

Der **Leasingvertrag** ist rechtlich ein Mietvertrag, der an die speziellen Bedürfnisse des jeweiligen Geschäftes angepasst ist. Leasingverträge reichen von normalen Mietverträgen bis zu verdeckten Raten-Kaufverträgen.

Voll- und Teilamortisations-Leasing

Die Zahlungen, die während der Grundmietzeit zu leisten sind, decken meist die Anschaffungskosten, die Finanzierungskosten, die Nebenkosten und den Gewinn der Leasinggesellschaft. Diese Art von Leasing nennt man **Vollamortisations-Leasing** oder Full-pay-out-Modell.

Wenn die Leasingraten nicht die gesamten Kosten decken, spricht man von **Teilamortisations-Leasing**. Die Leasingraten sind jetzt zwar niedriger, bei Vertragsende ist jedoch die Differenz zu entrichten.

Der Leasingnehmer erhält nach Ablauf der Grundmietzeit eine Mietverlängerung und/oder eine **Kaufoption**. Beim Leasingvertrag **ohne Kaufoptionsrecht** werden für die Zeit nach Ablauf der Grundmietzeit keine Vereinbarungen getroffen.

Es gibt ferner den Leasingvertrag mit **Mietverlängerungsoption** für den Leasingnehmer nach Ablauf der Grundmietzeit. Die Folgemiete beträgt nur noch einen Bruchteil der bisherigen Miete, meistens 5 bis 10 % der früheren Grundmiete.

Die Abschlussgebühr bei Leasingverträgen liegt bei 0 bis 10 % des Anschaffungswertes und die monatlichen Leasingraten bei 2 bis 4 % des Anschaffungswertes.

Fallbeispiel: „Kauf, Kredit oder Leasing?"

Die Guhl GmbH, Hersteller hochwertiger Konsumgüter, will ihre Produktion an die gestiegene Nachfrage anpassen. Die Anschaffungskosten zweier neuer Maschinen sind 120 000 €. Barkauf, Kreditfinanzierung und Leasing sind möglich; die erwarteten Einnahmen aus der Nutzung der Maschinen betragen 35 000 € im Jahr.

Barkauf:

Anschaffungskosten der zwei Maschinen 120 000 €, Nutzungsdauer 5 Jahre.

Bankkredit:

Abzahlungsdarlehen 125 000 €, Auszahung 96 %, Laufzeit 5 Jahre, Kreditzinsen 9 %, Kredittilgung 5 gleiche Raten.

Leasing:

Grundmietzeit 4 Jahre, Abschlussgebühr 10 %, Leasingraten pro Monat 2,5 %, Anschlussmiete im 5. Jahr 3 600 €.

Bankfinanzierung

Jahr	Schuld Jahres beginn	Zinsen 9%	Tilgung	Zinsen und Tilgung	Schuld Jahres-ende
1	125 000	11 250	25 000	36 250	100 000
2	100 000	9 000	25 000	34 000	75 000
3	75 000	6 750	25 000	31 750	50 000
4	50 000	4 500	25 000	29 500	25 000
5	25 000	2 250	25 000	27 250	–
		33 750	125 000	158 750	

Leasingfinanzierung:

monatliche Rate 2,5 % von 120 000 € = 3 000 €
Jahresrate 3 000 € x 12 = 36 000 €

Gesamtkosten von Leasing:

	Abschlussgebühr	12 000 €
+	4 Jahresraten 36 000 € x 4	144 000 €
+	Anschlussmiete	3 600 €
insgesamt		159 600 €

Die Gesamtausgaben der Bankfinanzierung betragen bei Kreditzinsen von 9 % 158 750 €, die entsprechenden Leasingausgaben erreichen 159 600 €. Der Unterschied zwischen der Bank- und der Leasingfinanzierung ist nicht groß, eine Folge der teueren Kreditfinanzierung.

Die rechnerischen Ergebnisse zeigen, dass der **Barkauf** die günstigste Lösung für die Firma ist. Er ist sinnvoll, wenn das Unternehmen über genügend flüssige Mittel verfügt. Dies trifft unter Kostengesichtspunkten und im Hinblick auf den Liquiditätszufluss zu. Der entgangene Nutzen für eine andere „Investitionsanlage" bzw. „Geldanlage" ist aber auch zu sehen.

Der eigentliche Vergleich fällt zwischen der **Bank-** und der der **Leasingfinanzierung**. Die Leasingfinanzierung ist in diesem fall ungünstiger als die Bankfinanzierung.

Wenn die Firma nicht so flüssig ist, dann spricht vieles für den Kreditkauf. Für den Kreditkauf spricht auch die Tatsache, dass die Maschinen eine längere Laufzeit als 5 Jahre haben. Die Guhl GmbH wird Eigentümer, der Kredit ist nach 5 Jahren abgezahlt. Insbesondere mit Kreditzinsen von unter 9 % schneidet der Bankkredit günstiger ab.

Für Leasing sprechen indes einige „nicht rechenbare" Faktoren:

- Wartung und technische Betreuung dürften bei Leasing besser sein, bei einer komplizierten technischen Anlage ein wichtiges Argument.
- Leasing ist auch dann eine interessante Finanzierungsalternative, wenn die Liquidität und der Kreditrahmen nicht beansprucht werden sollen.

Finanzierungsvariante Leasing

Die Entscheidung für oder gegen Leasing hängt nicht nur von rein rechnerischen Ergebnissen ab, die Finanz- und Ertragslage des jeweiligen Leasingnehmers spielt ebenfalls eine wichtige Rolle. Die steuerliche Entlastung ist bei Leasing höher als bei der Kreditfinanzierung.

Leasing ist für Unternehmen **mit guter Ertragslage** interessant, weil Steuervorteile realisiert werden können, was Kostenvorteile bedeutet. Die Leasingzahlungen sind steuerlich für den Leasingnehmer Betriebsausgaben, die im betreffenden Wirtschaftsjahr abzusetzen sind.

Leasing kann aber auch interessant sein, wenn es keine Kostenvorteile gibt. Unternehmen, die eine schwache Kapitalbasis aufweisen, können unter Umständen keine andere Finanzierung bekommen, da die Sicherheiten bereits verwendet sind. Sie können dank Leasing ihre Kapazität erhöhen, ohne dass die Liquidität beansprucht oder die Kreditlinien erhöht werden müssen. Wichtig ist aber, dass die Leasingzahlungen voll aus den Erträgen des Anlagegutes finanziert werden können.

Die **Bilanzstruktur** des Leasingnehmers bleibt durch Leasing unverändert, auch die Kreditsicherheiten und Beleihungsgrenzen bei den Banken bleiben unberührt.

■ *Bei der Frage, ob eine Investition über einen Bankkredit oder Leasing finanziert werden soll, ist zuerst die rechnerisch günstigste Lösung zu ermitteln. Sie müssen in Ihre Untersuchung aber zusätzliche betriebswirtschaftliche, steuerliche und rechtliche Aspekte einbeziehen, sodass durchaus eine Abweichung von der rechnerisch günstigsten Lösung die betrieblich sinnvolle Lösung sein kann.* ■

Abschreibungen

Der Wert der Gebäude, der Betriebsvorrichtungen, der Maschinen und der Fahrzeuge wird durch die Abnutzung, den Verschleiß und den technischen Fortschritt von Jahr zu Jahr geringer. Um die Vermögenslage in der Schlussbilanz richtig darzustellen, ist die jährliche Wertminderung vom Anschaffungswert abzuziehen. Durch Abschreibungen werden die Werte des Anlagevermögens an die Realität angeglichen. Das Handelsrecht und in gewissem Umfang auch das Steuerrecht gewähren dem Kaufmann bei der Wahl der Abschreibungsmethoden einen Entscheidungsspielraum. Mit der richtigen Abschreibung lassen sich Steuern sparen.

Anschaffungskosten und Abschreibungen

Die Anschaffung eines Anlagegutes verursacht **Anschaffungskosten**: Kaufpreis des Anlagegutes zuzüglich Anschaffungsnebenkosten wie Fracht und Montagekosten. Die Anschaffungkosten sind durch **Abschreibungen** auf die Geschäftsjahre, in denen das Gut genutzt werden kann, zu verteilen. Die Abschreibungen erfassen diese Wertminderungen. Der um die Abschreibung verminderte Anschaffungswert heißt Buchwert.

Ursachen der Wertminderungen

Ursachen für Wertminderungen von Gütern sind:

- **Benutzung** eines Gegenstandes führt zu einem natürlichen Verschleiß, Abschreibung durch Gebrauch.
- Der **technische Fortschritt** führt zu wirtschaftlicheren Fertigungsanlagen, wodurch alte Anlagen an Wert verlieren.
- **Nachfrageverschiebungen** bewirken, dass bestimmte Produkte in der Käufergunst an Bedeutung verlieren. Dies hat auch Folgen auf den Wert ihrer Fertigungsanlagen.
- Ein **natürlicher Verschleiß** ist auch festzustellen, wenn ein Anlagegut überhaupt nicht genutzt wird, z. B. durch Witterungseinflüsse oder Veralterung.

Bilanzielle und kalkulatorische Abschreibungen

Die Finanzbuchhaltung ermittelt die **bilanzielle** Abschreibung für die Handelsbilanz und die Steuerbilanz. Die Anschaffungs- oder Herstellungskosten sind die Bezugsbasis für die bilanzielle Abschreibung. Die Buchwerte werden durch die Abschreibung entsprechend vermindert. Die Wertminderung wird als Abschreibung gebucht und als Aufwand in der Gewinn- und Verlustrechnung erfasst. Die bilanzielle Abschreibung vermindert den Gewinn, was wiederum zu einer Steuerersparnis führt.

Das Steuerrecht spricht von „Absetzung für Abnutzung", kurz AfA. Geringwertige Wirtschaftsgüter (unter 800 DM bzw. 409,03 € ohne Umsatzsteuer) können Sie im Jahr der Anschaffung vollständig abschreiben.

Die Kosten- und Leistungsrechnung (Kapitel Kostenrechnung und Kalkulation) ist für die **kalkulatorische** Abschreibung zuständig. Die tatsächliche Wertminderung der Anlagegüter ist zu erfassen, da nur dann die Selbstkosten richtig ermittelt werden können.

Planmäßige und außerplanmäßige Abschreibungen

Die **planmäßige** Abschreibung berücksichtigt den zu erwartenden Wertverlust. Es handelt sich hier um die vorhersehbare Wertminderung.

■ *Der planmäßigen Abschreibung in der Handelsbilanz entspricht in der Steuerbilanz die Absetzung für Abnutzung (AfA).* ■

Die **außerplanmäßige** Abschreibung tritt durch unerwartete Ereignisse ein, z. B. technischer Defekt, Unfallschaden, Wassereinbruch. Das Anlagegut erleidet eine unerwartete Wertminderung.

Gleichbleibende Abschreibungsbeträge bei der linearen Abschreibung

Bei der **linearen Abschreibung** wird stets derselbe Betrag abgeschrieben. Die Anschaffungs- und Herstellungskosten werden bei der linearen Abschreibung in gleichen Beträgen auf die einzelnen Jahre der Nutzungsdauer verteilt.

Der *jährliche Abschreibungsbetrag* ergibt sich aus dem Anschaffungs- oder Herstellungswert dividiert durch die gewöhnliche Nutzungsdauer.

Beispiel

Ein Pkw im Wert von 30 000 Euro soll in 6 Jahren abgeschrieben werden.

$$\text{Jährlicher Abschreibungsbetrag} = \frac{30\,000}{6} = 5\,000$$

Da der Anschaffungswert 100 % beträgt, führt eine Abschreibung in einem Zeitraum von 6 Jahren zu einem *Abschreibungssatz (AfA-Prozentsatz)* von 16,66 %.

$$\text{AfA-Prozentsatz} = \frac{100}{\text{Nutzungsdauer}}$$

Das Finanzamt legt für die Steuerbilanz die wirtschaftliche Nutzungsdauer von Anlagegegenständen fest. Es entscheidet durch die Festlegung der Nutzungsdauer auch über die Höhe der anzuwendenden AfA-Prozentsätze.

Wenn Sie eine planmäßige Abschreibung durchführen, müssen Sie zu Beginn der Nutzung einen **Abschreibungsplan** aufstellen. Sie müssen die Kosten auf die einzelnen Geschäftsjahre verteilen, in denen der Gegenstand genutzt wird. Die tatsächliche Nutzungsdauer kann später davon abweichen. Dann sind Korrekturen notwendig.

Beispiel

Abschreibungsplan

Eine Maschine in einem Industrieunternehmen mit Anschaffungswert von 210 000 € soll in 7 Jahren abgeschrieben werden.

$$\text{Jährlicher Abschreibungsbetrag} = \frac{210\,000}{7} = 30\,000\text{ €}$$

Die lineare Abschreibung erfasst aber die hohe Wertminderung in den ersten Jahren nicht. Sie wird deshalb nur selten in der Finanzbuchhaltung angewendet, wo man in der Bilanz die Anlagegüter nicht zu hoch bewerten will. Die Kosten- und Leistungsrechnung ist dagegen an einer gleich bleibend hohen Abschreibung interessiert und wendet die lineare Abschreibung an.

Abschreibungsplan mit linearer Abschreibung

Jahr	Buchwert am Jahresanfang	jährliche Abschreibung
1	210 000	30 000
2	180 000	30 000
3	150 000	30 000
4	120 000	30 000
5	90 000	30 000
6	60 000	30 000
7	30 000	30 000

Geometrisch-degressive Abschreibung mit fallenden Beträgen

Die **geometrisch-degressive Abschreibungsmethode** belastet die ersten Jahre der Nutzung wesentlich stärker als die folgenden. Der starke Wertverlust vieler Anlagegüter in den ersten beiden Jahren wird so erfasst. Die geometrisch-degressive

Abschreibung darf aber höchstens 30 % betragen und nicht das Dreifache der linearen Abschreibung übersteigen.

Es wird jährlich immer der **gleiche Prozentsatz** vom jeweiligen **Restbuchwert** abgeschrieben. Die Abschreibungsbeträge fallen deshalb von Jahr zu Jahr, da der Abschreibungssatz (p) unverändert bleibt, aber der Restbuchwert immer kleiner wird. Die vorher erwähnte Maschine mit einem Anschaffungswert von 210 000 € und einer Lebensdauer von 7 Jahren soll jährlich mit 30 % abgeschrieben werden.

Abschreibungsplan mit geometr. degr. Abschreibung

Jahr	Buchwert am Jahresanfang	jährliche Abschreibung	Restbuchwert
1	210 000	63 000	147 000
2	147 000	44 100	102 900
3	102 900	30 870	72 030
4	72 030	21 609	50 421
5	50 421	15 126,3	35 294,7
6	35 294,7	10 588,41	24 706,29
7	24 706,29	7 411,89	17 294,40

Beispiel

Angenommen, die Maschine mit dem Wert von 210 000 € hätte eine Lebensdauer von 10 Jahren und würde mit einem Abschreibungssatz von 20 % degressiv abgeschrieben. Wie hoch ist der Restbuchwert nach 3 Jahren?

Die **Formel** zur **Ermittlung des Restbuchwertes** bei degressiver Abschreibung lautet:

$$Bn = Bo\,(1 - p/100)^n$$

- Bn = Restbuchwert = im Beispiel gesucht
- Bo = Anschaffungswert oder Herstellkosten = im Beispiel 210 000 €
- p = Abschreibungssatz = im Beispiel 20 %
- n = Nutzungsdauer = im Beispiel 3 Jahre

$B_3 = 210\,000\ (1 - 20/100)^3$

$B_3 = 210\,000 \times 0{,}8^3$

$B_3 = 210\,000 \times 0{,}512$

$B_3 = 107\,520$ €

Die geometrisch-degressive Abschreibung erreicht theoretisch nie den Restwert Null. Es ist deshalb sinnvoll und steuerlich erlaubt, von der geometrisch-degressiven auf die lineare Abschreibung überzuwechseln (aber nicht umgekehrt). Der Wechsel ist in dem Jahr zu empfehlen, wenn die lineare Abschreibung höher als die geometrisch-degressive wird.

Die folgende Tabelle zeigt die geometrisch-degressive Abschreibung mit dem Anschaffungswert von 210 000 € über den Zeitraum von 7 Jahren. Die lineare Abschreibung beträgt im vorliegenden Fall jährlich 30 000 €.

Der Übergang zur linearen Abschreibung empfiehlt sich im vierten Jahr, weil dann die degressive Abschreibung unter 30 000 € sinkt, dem Wert der linearen Abschreibung.

Das Anlagegut ist im vorliegenden Beispiel aber bereits im sechsten Jahr abgeschrieben, obwohl die Lebensdauer der Maschine 7 Jahre beträgt. Dieses Problem wird bei der **optimalen** Abschreibung gelöst.

Dabei müssen Sie folgendermaßen vorgehen: Im vierten Jahr bleibt ein Restbuchwert von 72 030 €, den Sie gleichmäßig

Übergang von der geometrisch-degressiven zur linearen Abschreibung

Jahr	Buchwert am Jahres-anfang	degressive Abschr.	lineare Abschr.	degressive lineare	Rest-buchwert
1	210 000	63 000	30 000	63 000	147 000
2	147 000	44 100	30 000	44 100	102 900
3	102 900	30 870	30 000	30 870	72 030
4	72 030	21 609	30 000	30 000	42 030
5	42 030	15 126,3	30 000	30 000	12 030
6	12 030	10 588,41	30 000	12 030	0
7					

auf die verbleibenden vier Jahre verteilen. Also müssen Sie den Restbuchwert durch die verbleibenden Jahre dividieren: 72 030 € : 4 = 18 007,50 €.

Übergang von der geometrisch-degressiven zur optimalen Abschreibung

Jahr	Buchwert am Jahres-anfang	degressive Abschr.	lineare Abschr.	degressive lineare	Rest-buchwert
1	210 000	63 000	30 000	63 000	147 000
2	147 000	44 100	30 000	44 100	102 900
3	102 900	30 870	30 000	30 870	72 030
4	72 030	21 609	30 000	18,007,5	54 022,5
5	54,022,5	28 091,7	30 000	18,007,5	36 015
6	36 015	19 664,19	30 000	18 007,5	18 007,5
7	18 007,5	13 764,933	30 000	18 007,5	0

■ *Das Steuerrecht gewährt bei beweglichen und abnutzbaren Wirtschaftsgütern ein Wahlrecht. Sie können zwischen der linearen Abschreibung mit gleichbleibenden Beträgen und der geometrisch-degressiven Abschreibung wählen. Wenn Ihr Unternehmen hohe Gewinne erzielt, dann können Sie durch die degressive Abschreibung am Anfang viel abschreiben und damit den Gewinn reduzieren. Sie zahlen dann weniger Steuern. Ist Ihr Gewinn dagegen relativ niedrig und rechnen Sie in Zukunft mit einer besseren Entwicklung, dann wäre die lineare Abschreibung ratsam.* ■

Leistungsabschreibung

Wenn eine Maschine im Laufe der Jahre unterschiedlich stark genutzt wird, kann sich die **Leistungsabschreibung** empfehlen. Dabei wird die Leistung der Maschine in den verschiedenen Jahren gewichtet: je mehr Leistung, desto höher die Abschreibung. So werden die gefahrenen Jahreskilometer eines Pkw in Beziehung zur geschätzten Gesamtleistung des Pkw gesehen. Der Anschaffungs- oder Herstellungswert wird durch die geschätzte Leistungsmenge dividiert.

Beispiel

Die Anschaffungskosten einer Maschine betragen 80 000 €. Die erwartete Gesamtleistung wird auf 10 000 Betriebsstunden geschätzt, davon entfallen auf das 1. Jahr 2 500, auf das 2. Jahr 2 000.

$$\text{Abschreibungsbetrag 1. Jahr} = \frac{80\,000 \times 2\,500}{10\,000} = 20\,000\ €$$

$$\text{Abschreibungsbetrag 2. Jahr} = \frac{80\,000 \times 2\,000}{10\,000} = 16\,000\ €$$

Finanzierung aus Abschreibungen

Das Unternehmen erhält die Gegenwerte der Abschreibungen aus den Verkaufserlösen wieder zurück. Die im Verlauf der Nutzung angesammelten finanziellen Mittel sollen nach Beendigung der Nutzungsdauer die Ersatzinvestition finanzieren. Ein Unternehmen verfügt vor Ersatzbeschaffung aus dem Abschreibungsrückfluss in Verbindung mit den Verkaufserlösen über **liquide Mittel**.

Die kalkulatorische Abschreibung, die über den Verkaufspreis der Fertigerzeugnisse ins Unternehmen wieder zurückfließt, steht für die Wiederbeschaffung oder Ersatzbeschaffung zur Verfügung. Die kalkulatorischen Abschreibungen sollten so hoch bemessen sein, dass auch die jahrelangen Preissteigerungen für Ersatzinvestitionen enthalten sind. Kalkulatorische Abschreibungen sollten deshalb auf der Grundlage gestiegener **Wiederbeschaffungskosten** berechnet werden.

Buchung der Abschreibungen

Die **direkte Abschreibung** wird unmittelbar auf den Anlagekonten gebucht. Der jeweilige Aktivposten wird durch die Abschreibung entsprechend niedriger bewertet. Die Restbuchwerte der Anlagegüter werden in der Schlussbilanz auf der Aktivseite ausgewiesen.

Beispiel

Der neue Firmenwagen für 50 000 € soll in 5 Jahren direkt abgeschrieben werden.

Buchungssatz
Abschreibungen auf Fuhrpark

an Fuhrpark 10 000 €

Darstellung auf Konten

Abschreibungen

Fuhrpark	10 000	G+V	10 000

Fuhrpark

Fuhrpark	50 000	Abschreibungen	10 000
		SB	40 000
	50 000		50 000

Der Anschaffungswert eines Anlagegutes bleibt bei der **indirekten Abschreibung** in seiner ursprünglichen Höhe auf dem betreffenden Anlagekonto stehen. Die Abschreibungen werden auf der Passivseite auf dem Konto **„Wertberichtigungen"** ausgewiesen.

Die Aktivseite weist bei der indirekten Abschreibung die ungekürzten Beträge sämtlicher Vermögensgegenstände aus, während auf der Passivseite die Abschreibungsbeträge den jeweiligen Wertberichtigungsposten zugeführt werden.

Die Unternehmens-Steuerreform 2001 sieht bei den Abschreibungen längere Nutzungsdauern vor.

- Bei der degressiven Abschreibung für bewegliche Wirtschaftsgüter ist der Höchstsatz von 30 % auf 20 % herabgesetzt worden. Der AfA-Satz darf ferner nur das Doppelte des linearen Satzes betragen.

- Der Abschreibungssatz für Betriebsgebäude wurde von 4 % auf 3 % reduziert.
- Die bisherige Sonderabschreibung von bis zu 20 % im Jahr der Anschaffung und in den folgenden vier Jahren wurde beibehalten.
- Die höchst zulässige Höhe einer Ansparrücklage wurde von 50 % auf 40 % der Anschaffungs- bzw. Herstellungskosten herabgesetzt.

Kostenrechnung und Kalkulation

Die Kostenrechnung zeigt Ihnen nicht nur, welche Kosten entstanden sind, Sie erfahren auch, wo die Kosten im Betrieb angefallen sind. Die Kalkulation verteilt die erfassten Kosten auf die verschiedenen Kostenträger, die Produkte. So können Sie feststellen, wie viel Gewinn oder Verlust Sie mit den einzelnen Produkten machen.

Kosten- und Leistungsrechnung

Die **Kosten- und Leistungsrechnung** ist der Teilbereich des betrieblichen Rechnungswesens, der sich mit den wirtschaftlichen Vorgängen innerhalb des Betriebes befasst. Sie übernimmt aus der Geschäftsbuchhaltung nur die Aufwendungen und Erträge, die in Verbindung zum eigentlichen Betriebszweck stehen.

Die Aufgaben der Kosten- und Leistungsrechnung sind:

- Kosten und Leistungen einer Abrechnungsperiode feststellen.
- Selbstkosten eines Stückes, einer Leistungseinheit, ermitteln.
- Wirtschaftlichkeit der Leistungserstellung und Leistungsverwertung feststellen und überwachen.
- Unfertige und fertige Erzeugnisse in der Bilanz bewerten.
- Unterlagen für Kalkulationen, Statistiken, Planungen und Entscheidungen liefern.

Kostenrechnung

Zeitabschnittsrechnung	Leistungseinheitsrechnung
■ Kostenartenrechnung ■ Kostenstellenrechnung ■ Kostenträgerrechnung	■ Vorkalkulation ■ Zwischenkalkulation ■ Nachkalkulation

Kostenartenrechnung steht am Anfang

Die in einem Abrechnungszeitraum anfallenden Kosten werden in der Kostenartenrechnung nach **Kostenarten** gegliedert und erfasst. Die Kostenartenrechnung nimmt die Erfassung, Bewertung und Abgrenzung der Kosten vor.

Einzelkosten lassen sich unmittelbar den verschiedenen Kostenträgern zurechnen. Die Einzelkosten Fertigungsmaterial und Fertigungslöhne können im Industriebetrieb direkt aus der Kostenartenrechnung in die Kostenträgerrechnung übernommen werden und dort den jeweiligen Kostenträgern zugeordnet werden. Sie sind die Bezugsbasis für die Umlage der Gemeinkosten.

Kostenstellenrechnung

Gemeinkosten sind indirekte Kosten, sie sind für alle oder mehrere Produkte gemeinsam angefallen, z. B. Abschreibungen, Zinsen, Steuern. Sie werden über den Umweg der Kostenstellen den Kostenträgern zugerechnet. Die **Kostenstellenrechnung** hat die Aufgabe, die nach Kostenarten gegliederten Gemeinkosten nach dem Verursachungsprinzip auf die einzelnen Kostenstellen zu verteilen.

Kostenstellen sind meist räumlich und funktional abgegrenzte Bereiche im Betrieb, z. B. Abteilung Einkauf, Verkauf, Kundenbetreuung. Kostenstellen sind Verantwortungsbereiche. Der Kostenstellenleiter ist für die angefallenen Kosten verantwortlich.

Man unterscheidet folgende Kostenstellen:

- **Allgemeine** Kostenstellen wie z. B. Direktion, Pförtner, Kantine oder Fuhrpark erbringen Leistungen für die übrigen Kostenstellen.
- **Hilfskostenstellen** sind für Hauptkostenstellen tätig. Im Industriebetrieb erbringen z. B. die Fertigungshilfsstellen Arbeitsvorbereitung, Werkzeugbau und Reparaturwerkstätten bestimmte Leistungen für die Hauptkostenstelle Fertigung.
- **Hauptkostenstellen** sind im Industriebetrieb Material, Fertigung, Verwaltung und Vertrieb.

Werden im **Betriebsabrechnungsbogen (BAB)** nur die Hauptkostenstellen Material, Fertigung, Verwaltung und Vertrieb aufgeführt, dann spricht man vom einstufigen BAB. Die Gemeinkosten, die sich einem Produkt nicht direkt zuordnen lassen, werden im BAB auf die Hauptkostenstellen verteilt. Dies kann an Hand von Belegen oder über so genannte Verteilungsschlüssel erfolgen, z. B. nach der Zahl der Beschäftigten, den verbrauchten Mengen, der beanspruchten Fläche.

Die Gemeinkosten können nur indirekt über den BAB und die Bildung von **Zuschlagssätzen** anteilig auf die einzelnen Produkte des Unternehmens verrechnet werden.

Betriebsabrechnungsbogen (BAB)

Kostenarten	Hauptkostenstellen			
	Material	Fertigung	Verwaltung	Vertrieb
Abschreibungen	...	...	...	...
Gehälter				
Sozialkosten				
Steuern				
Miete				
Summe	...	...	...	...

Der Materialbereich umfasst insbesondere Rohstoff-, Hilfsstoff- und Betriebsstofflager und Einkauf. Die hier angefallenen Kosten sind **Materialgemeinkosten**. Sie werden zu den Rohstoffkosten, dem Fertigungsmaterial, in Beziehung gesetzt. Der Quotient ist der Materialgemeinkostenzuschlagssatz. Die Materialgemeinkosten werden in Prozent der Materialeinzelkosten angegeben.

$$\text{Materialgemeinkosten-zuschlagssatz} = \frac{\text{Materialgemeinkosten} \times 100}{\text{Fertigungsmaterial}}$$

Entsprechend ermitteln Sie den Fertigungsgemeinkostenzuschlagssatz. Die Kosten des Fertigungsbereichs umfassen Fertigungsabteilungen, Arbeitsvorbereitung, Entwicklungsabteilung und Reparaturwerkstätten. Die hier angefallenen Gemeinkosten, die **Fertigungsgemeinkosten**, müssen Sie in Beziehung zu den Fertigungslöhnen setzen.

$$\text{Fertigungsgemeinkostenzuschlagssatz} = \frac{\text{Fertigungsgemeinkosten} \times 100}{\text{Fertigungslöhne}}$$

Bezugsgrundlage können auch die Stoffkosten sein. Diese erhalten Sie, wenn Sie zum Fertigungsmaterial noch die Materialgemeinkosten addieren. Die Fertigungsgemeinkosten können Sie also in Prozent der Stoffkosten oder der Lohneinzelkosten angeben.

$$\text{Fertigungsgemeinkostenzuschlagssatz} = \frac{\text{Fertigungsgemeinkosten} \times 100}{\text{Stoffkosten}}$$

Die **Verwaltungs- und Vertriebsgemeinkosten** werden in Prozent der Herstellkosten genannt und entsprechend auf die Produkte umgelegt.

$$\text{Verwaltungsgemeinkostenzuschlagssatz} = \frac{\text{Verwaltungsgemeinkosten} \times 100}{\text{Herstellkosten}}$$

$$\text{Vertriebsgemeinkostenzuschlagssatz} = \frac{\text{Vertriebsgemeinkosten} \times 100}{\text{Herstellkosten}}$$

Die im BAB ermittelten Material-, Fertigungs-, Verwaltungs- und Vertriebsgemeinkosten werden mit Hilfe der Gemeinkostenzuschlagssätze auf die verschiedenen Erzeugnisse des Unternehmens verteilt.

Kostenträgerrechnung

Die **Kostenträgerrechnung** ermittelt in der Vollkostenrechnung die gesamten für einen Kostenträger angefallenen Kosten. Sie stellt fest, wie hoch die Kosten einzelner Produkte oder ganzer Warengruppen sind.

Die Kostenträgerrechnung ist sowohl eine **Gesamtkalkulation** wie auch eine **Stückkalkulation**. Je nachdem, wann eine Kalkulation durchgeführt wird, spricht man von Vor-, Zwischen- und Nachkalkulation.

- Die **Vorkalkulation** oder **Angebotskalkulation** berechnet den Angebotspreis, der alle Kosten einschließlich Gewinnzuschlag enthält. Im Baugewerbe spricht man vom Kostenvoranschlag.
- Die **Zwischenkalkulation** wird bei langen Fertigungszeiten durchgeführt und hat die Aufgabe, festzustellen, inwieweit die in der Vorkalkulation ermittelten Werte mit den bereits entstandenen Ist-Kosten übereinstimmen.
- Die **Nachkalkulation** wird nach Durchführung des Auftrags erstellt. Die Nachkalkulation wird mit der Angebotskalkulation verglichen.

Kalkulation in der Industrie

Die **Zuschlagskalkulation** setzt eine Trennung in Einzel-, Sondereinzel- und Gemeinkosten voraus. Ihr Grundgedanke ist, die einzelnen Produkte mit den ihnen unmittelbar zurechenbaren Kosten, den Einzelkosten, direkt zu belasten. Die restlichen Kosten, die Gemeinkosten, können nur indirekt auf die Produkte umgelegt werden.

Kalkulationsschema der Industrie

	Fertigungsmaterial	€
+	Materialgemeinkosten v. H.	€
=	Materialkosten	€
+	Fertigungslohn	€
+	Fertigungsgemeinkosten v. H.	€
+	Sondereinzelkosten der Fertigung	€
=	***Herstellkosten***	€
+	Verwaltungsgemeinkosten v. H.	€
+	Vertriebsgemeinkosten v. H.	€
+	Sondereinzelkosten des Vertriebs	€
=	***Selbstkosten***	€
+	Gewinn v. H.	€
=	***Barverkaufspreis***	€
+	Kundenskonto i. H.	€
+	Vertreterprovision i. H.	€
=	Zielverkaufspreis	€
+	Kundenrabatt i. H.	€
=	Nettoverkaufspreis	€
+	Umsatzsteuer v. H.	€
=	**Bruttoverkaufspreis**	€

Hinweis: v. H. = vom Hundert = Prozentrechnung vom Grundwert
i. H. = im Hundert = Prozentrechnung vom verminderten Grundwert

Kalkulation im Handel

Die Handelskalkulation gliedert sich in die **Einkaufskalkulation**, die den Einstandspreis oder Bezugsspreis errechnet. Der Kaufmann weiß dann, was ihn die Ware kostet, bis sie im Lager ist.

Die **Einstandspreise** der einzelnen Waren- oder Artikelgruppen sind im Handel die Einzelkosten, auf die anteilig die Gemeinkosten über den Handlungsgemeinkostenzuschlagssatz verrechnet werden.

Die **Allgemeinen Handlungskosten**, auch Betriebs- und Geschäftskosten genannt, sind Gemeinkosten und enthalten eine Vielzahl von Kosten, z. B. Raumkosten, Personalkosten, Versicherungen, Miete, Kosten des Fuhrparks. Sie werden über den **Handlungskostenzuschlag** auf die einzelnen Waren umgelegt.

Kalkulationsschema des Handels

	Einkaufspreis	€
–	Lieferrabatt v. H.	€
=	Zieleinkaufspreis	€
–	Liefererskonto v. H.	€
+	Einkaufskosten	€
=	Bareinkaufspreis	€
+	Bezugskosten	€
=	***Einstandspreis*** *(Bezugspreis)*	€
+	Handlungskostenzuschlag v. H.	€
=	***Selbstkosten***	€
+	Gewinn v. H.	€
=	***Barverkaufspreis***	€
+	Kundenskonto i. H.	€
=	Zielverkaufspreis	€
+	Kundenrabatt i. H.	€
=	Nettoverkaufspreis	€
+	Umsatzsteuer v. H.	€
=	**Bruttoverkaufspreis**	€

Hinweis: v. H. = vom Hundert
i. H. = im Hundert

Beispiel
Ein Angebot lautet:
Stückpreis (netto) 177 €, 15 %
Lieferantenrabatt, frachtfrei
2 % Skonto bei Zahlung innerhalb von 14 Tagen.
Wie hoch ist der Einstandspreis?

	Einkaufspreis	177,00 €
–	Lieferrabatt v. H.	26,55 €
	Einkaufspreis	150,45 €
–	Lieferantenskonto	4,50 €
	Bareinkaufspreis	145,95 €
=	Einstandspreis (da frachtfrei)	

Die **Verkaufskalkulation** ermittelt vom Einstandspreis ausgehend die Selbstkosten durch das Zurechnen der Handlungskosten. Die Verkaufskalkulation ermittelt dann weiter durch die Berücksichtigung von Gewinnzuschlag, Kundenskonto und Kundenrabatt den Verkaufspreis.

Eine Vereinfachung der Handelskalkulation erfolgt durch den **Kalkulationszuschlag.** Der Kalkulationszuschlag beinhaltet die Sätze für Handlungskosten, Gewinn und die Verkaufszuschläge. Die Differenz zwischen Verkaufspreis und Einstandspreis ist der Rohgewinn.

$$\text{Kalkulationszuschlag} = \frac{(\text{Verkaufspreis} - \text{Einstandspreis}) \times 100}{\text{Einstandspreis}}$$

Der Rohgewinn in Prozent des Verkaufspreises ist die **Handelsspanne.**

$$\text{Handelsspanne} = \frac{(\text{Verkaufspreis} - \text{Einstandspreis}) \times 100}{\text{Verkaufspreis}}$$

Deckungsbeitragsrechnung

Die Deckungsbeitragsrechnung belastet die Produkte eines Unternehmens nur mit den direkt zurechenbaren Kosten. In bestimmten Situationen kommt diese zu anderen Ergebnissen als die Vollkostenrechnung, da die Kostenarten in Einzelkosten und Gemeinkosten sowie fixe und variable Kosten aufspaltet werden. Das Führungsinstrument der Deckungsbeitragsrechnung sollten Sie deshalb nutzen, gerade bei schlechter Auslastung der Kapazitäten kann es eine wichtige Hilfe sein.

Vollkostenrechnung

Die **Vollkostenrechnung** erfasst und verrechnet alle entstandenen Kosten. Einzelkosten und Gemeinkosten werden in der Kostenrechnung auf die Kostenträger, die Produkte, verrechnet (Kapitel Kostenrechnung und Kalkulation).

Die Vollkostenrechnung nimmt keine Trennung in fixe und variable Kosten vor. Dies bedeutet, dass die fixen Gemeinkosten auch aus den Erlösen der Kostenträger gedeckt werden müssen, wenn der Absatz stark abgenommen hat. Bei rückläufiger Nachfrage müssten bei der Vollkostenrechnung eigentlich die Verkaufserlöse erhöht werden, da die vorhandenen fixen Kosten jetzt auf weniger Produkte verteilt werden. Dies lässt aber die Marktlage gerade in schwierigen Zeiten nicht zu.

■ *Mängel der Vollkostenrechnung*

1. *Die Verteilung der Gemeinkosten auf die Kostenstellen und die Weiterverrechnung der Kostenstellengemeinkosten auf die Kostenträger ist schwierig und ungenau. Die Problematik liegt in den Verteilungsschlüsseln.*
2. *Fixe und variable Kostenträgergemeinkosten werden mit Hilfe von Zuschlagssätzen auf die Kostenträger verteilt. Es wird so eine direkte Verbindung zwischen Zuschlagsbasis (z. B. Fertigungsmaterial) und Materialgemeinkosten angenommen.*
3. *Die Vollkostenrechnung belastet bei Unterbeschäftigung die Produkte mit anteiligen Leerkosten. Dies wirkt sich stark auf die Gewinne der Produkte aus.* ■

Beispiel 1

Verrechnung der Gemeinkosten auf die Kostenträger bei guter Geschäftslage nach der Vollkostenrechnung

Ein Handelsunternehmen vertreibt die Warengruppen A, B und C. Es wird mit einem globalen Handlungskostenzuschlagssatz von 33⅓ % gerechnet.

	A	B	C	Summe
Einstandspreis	150 000	300 000	210 000	660 000
+ Hkz 33⅓ %	**50 000**	**100 000**	**70 000**	**220 000**
Selbstkosten	200 000	400 000	280 000	880 000
+ Gewinn	**50 000**	**100 000**	**28 000**	**178 000**
Barverkaufspreis	250 000	500 000	308 000	1 058 000

Ein abrupter Rückgang der Nachfrage auf die Hälfte hätte dann auch eine Halbierung der Einstandspreise zur Folge. Angenommen, die Gemeinkosten wären zu 80 % fix, dann müsste das Unternehmen trotz Halbierung der Verkäufe weiterhin mit hohen Gemeinkosten rechnen. Die Gemeinkosten betragen 220 000 €, da aber 80 % fix sind, also nur 20 % variable Kosten sind, gingen sie lediglich um 10 % auf 198 000 € zurück.

Beispiel 2
Verrechnung der Gemeinkosten auf die Kostenträger bei Halbierung der Umsätze nach der Vollkostenrechnung

	A	B	C	Summe
Einstandspreis	75 000	150 000	105 000	330 000
+ Hkz	**45 000**	**90 000**	**63 000**	**198 000**
Selbstkosten	120 000	240 000	168 000	528 000
+ Gewinn	**5 000**	**10 000**	**–14 000**	**1 000**
Verkaufspreis	125 000	250 000	154 000	529 000

Die Geschäftsführung würde aufgrund dieser Daten bei ausschließlicher Anwendung der **Vollkostenrechnung** den Verkauf der Warengruppe C einstellen, da sie einen Verlust von 14 000 € ausweist. Der Gesamtgewinn stiege folglich um 14 000 € auf 15 000 €. Dieser Gedankengang scheint zwingend. Er ist aber trotzdem falsch, da die Existenz der fixen Kosten nicht berücksichtigt wird.
Zu ähnlichen Fehlentscheidungen kommt es in der Vollkostenrechnung, wenn Zusatzaufträge, die unter den Selbstkosten liegen, einfach abgelehnt werden.

Deckungsbeitragsrechnung

Die **Deckungsbeitragsrechnung** belastet die Kostenträger nur mit den direkt zurechenbaren Kosten. Die fixen Kosten werden „en bloc" ins Betriebsergebnis übernommen. Die direkt zurechenbaren Kosten sind Einzelkosten.
Der **Deckungsbeitrag** ist die Summe, die ein Kostenträger (z. B. ein Produkt, ein Auftrag, ein Kunde) zur Deckung der fixen Kosten bzw. zur Gewinnerzielung beiträgt. Der Deckungsbeitrag ergibt sich, wenn vom Erlös die direkt zurechenbaren Kosten abgezogen werden.
Die verursachungsgerechte Verrechnung der Kosten auf die Kostenstellen und insbesondere die Kostenträger hat in der Deckungsbeitragsrechnung große Bedeutung.

Kosten richtig zuordnen

- nach **Zurechenbarkeit** auf die Produkte (Kostenträger)
  - **Einzelkosten** (= direkte Kosten)
  - **Gemeinkosten** (= indirekte Kosten)
- nach **Abhängigkeit** von der Auslastung der Kapazität
  - **fixe Kosten** = unabhängig
  - **variable Kosten** = abhängig

  von der Auslastung der Kapazität

Nehmen wir an, dass im zuvor besprochenen Beispiel Einzelkosten in Höhe von 660 000 € anfallen und 20 % der Gemeinkosten variabel sind, dann ergibt sich die folgende Rechnung für die Warengruppen A bis C.

Beispiel 3
Kosten zuordnen nach der Deckungsbeitragsrechnung bei guter Geschäftslage

	A	B	C	Summe
Einzelkosten sind: Einstandspreis	150 000	300 000	210 000	660 000
Gemeinkosten sind: Handlungskosten	50 000	100 000	70 000	220 000
80 % Gemeinkosten sind **Fixkosten**	40 000	80 000	56 000	176 000
Einzelkosten	150 000	300 000	210 000	660 000
+ 20 % Gemeinkosten	**10 000**	**20 000**	**14 000**	**44 000**
= variable Kosten	160 000	320 000	224 000	704 000

Die Warengruppe, die den höchsten **Deckungsbeitrag** erzielt, sollte besonders gefördert werden. Sie leistet dann einen Beitrag zur Abdeckung der fixen Kosten des Unternehmens.

Wenn eine Warengruppe oder ein Produkt keinen positiven Deckungsbeitrag erzielt, dann deckt es nicht einmal die von ihm unmittelbar verursachten Kosten.

Der **Deckungsbeitrag I** berücksichtigt nur Einzelkosten bzw. variable Kosten. Im Deckungsbeitrag I sind also nie Gemeinkosten bzw. fixe Kosten enthalten.

Die Aussagefähigkeit der Deckungsbeitragsrechnung wird erhöht, wenn man die fixen Kosten gesondert erfasst, die sich einzelnen Warengruppen (bzw. im Industriebetrieb einzelnen Produkten) verursachungsgerecht zurechnen lassen.

	Deckungsbeitrag I
–	erzeugnisfixe Kosten des Produktes
=	Deckungsbeitrag II

Angenommen, 50 % der fixen Kosten der Warengruppen A, B und C ließen sich unmittelbar auf die Warengruppen zurechnen, dann ergibt sich folgende Situation.

Beispiel 4
Deckungsbeiträge I und II der Warengruppen A, B und C bei voller Auslastung

	A	B	C	Summe
Verkaufserlöse	250 000	500 000	308 000	1 058 000
– variable Kosten	**160 000**	**320 000**	**224 000**	**704 000**
Deckungsbeitrag I	90 000	180 000	84 000	354 000
– fixe Kosten der **Warengruppen**	**20 000**	**40 000**	**28 000**	**88 000**
Deckungsbeitrag II	70 000	140 000	56 000	266 000
– unternehmensfixe **Kosten**				88 000
Betriebsergebnis				178 000

■ *Wenn ein Produkt keinen positiven Deckungsbeitrag I erzielt, dann trägt das Produkt nicht einmal die von ihm unmittelbar verursachten Kosten. Ein solches Produkt ist aus dem Verkaufsprogramm zu streichen.*
Ein Produkt, das einen positiven Deckungsbeitrag erwirtschaftet, insbesondere einen positiven Deckungsbeitrag II, leistet auch einen Beitrag zur Abdeckung der unternehmensfixen Kosten. ■

Das Beispiel 4 entspricht Beispiel 1, nur haben wir in Beispiel 1 die Vollkostenrechnung durchgeführt, in Beispiel 4 dagegen eine Deckungsbeitragsrechnung. Bei der Vollkostenrechnung verrechnen Sie alle Gemeinkosten auf die Produkte. Bei der Teilkostenrechnung machen Sie dies nur, wenn Sie die Gemeinkosten dem Produkt direkt zurechnnen können.

Im **Deckungsbeitrag II** werden die direkt zurechenbaren Gemeinkosten bzw. fixen Kosten eines Produktes berücksichtigt. Der Deckungsbeitrag II ist eine Weiterentwicklung der Deckungsbeitragsrechnung, die eine genauere Analyse ermöglicht. Die den einzelnen Warengruppen A, B und C direkt zurechenbaren fixen Kosten wurden verrechnet. Solche fixen Kosten der Warengruppen sind z. B.:

- Gehalt des Abteilungsleiters der Warengruppe A bzw. B
- Mitarbeiter der Warengruppe A (entsprechend B, C)
- Miete für das Gebäude, z. B. der Warengruppe A

Fixe Kosten, die keinen Warengruppen direkt zurechenbar sind, werden als unternehmensfixe Kosten erfasst und nicht verteilt, z. B.

- Gehalt des Geschäftsführers des Unternehmens
- Sekretariat und Personalabteilung

- Rechtsabteilung, Stabsabteilungen
- Buchhaltung, Kalkulation
- Werbeabteilung

Die Auswirkungen eines abrupten Rückganges der Nachfrage (das Umsatzvolumen geht um die Hälfte zurück) sollen jetzt mit den Instrumenten der Deckungsbeitragsrechnung analysiert werden.

Die Verkäufe betragen 1 058 000 € und die Gemeinkosten 220 000 € (siehe Beispiel 1). Von den Gemeinkosten sind zu 80 % = 176 000 € fix und 20 % = 44 000 € variabel. Bei einer Halbierung der Verkäufe auf 529 000 € betragen die Gemeinkosten 198 000 €, davon sind 176 000 € fix und 22 000 € variabel (Beispiel 2).

Beispiel 5
Kosten zuordnen nach der Deckungsbeitragsrechnung bei Halbierung der Umsätze

	A	B	C	Summe
Einzelkosten	75 000	150 000	105 000	330 000
Gemeinkosten	45 000	90 000	63 000	198 000
– davon fix	40 000	80 000	56 000	176 000
– davon variabel	5 000	10 000	7 000	22 000
Summe variable Kosten (Einzelkosten + variable Gemeinkosten)	80 000	160 000	112 000	352 000

Das folgende Beispiel entspricht Beispiel 2, bei dem wir die Vollkostenrechnung angewendet hatten.

Beispiel 6

Deckungsbeiträge I und II der Warengruppen A, B und C bei Halbierung der Umsätze

	A	B	C	Summe
Verkaufserlöse	125 000	250 000	154 000	529 000
– variable Kosten	**80 000**	**160 000**	**112 000**	**352 000**
Deckungsbeitrag I	45 000	90 000	42 000	177 000
– 50 % fixe Kosten der **Warengruppen**	**20 000**	**40 000**	**28 000**	**88 000**
Deckungsbeitrag II	25 000	50 000	14 000	89 000
– unternehmensfixe Kosten				**88 000**
Betriebsergebnis				1 000

Die fixen Kosten in Höhe von 176 000 € lassen sich verursachungsgerecht mit 88 000 € auf die Warengruppen A, B und C zurechnen. 88 000 € sind **unternehmensfixe Kosten,** die sich nicht verursachungsgerecht bestimmten Warengruppen zurechnen lassen. Sie werden als Summe von den Deckungsbeiträgen II abgezogen und über das Betriebsergebnis verrechnet.

Schlussfolgerungen

Die Warengruppe C stellt die ertragsschwächste Gruppe dar, erwirtschaftet aber immer noch einen positiven Deckungsbeitrag (42 000 € Deckungsbeitrag I und 14 000 € Deckungsbeitrag II). Die Warengruppe C würde man bei einer Betrachtung auf der Basis der Vollkostenrechnung streichen, da diese Warengruppe einen Verlust von 14 000 € erwirtschaftet (vgl. Beispiel 2 Verteilung der Gemeinkosten bei Halbierung der Umsätze).

Die Deckungsbeitragsrechnung sieht diesen Sachverhalt anders, gleichgültig, ob sie in der Form von Einzelkosten und Gemeinkosten oder als variable und fixe Kosten durchgeführt wird.

Wenn die Warengruppe C aus dem Verkaufsprogramm ausscheidet, dann vermindern sich die variablen Kosten um 112 000 € (105 000 € Einzelkosten und 7 000 € Gemeinkosten). Da 80 % der Gemeinkosten des Produktes C in Höhe von 56 000 € (80 % von 70 000 €) aber fixe Kosten sind, müssen diese dann von den anderen Warengruppen getragen werden.

Das Unternehmen erwirtschaftet mit Warengruppe C einen Gewinn von 1 000 €. Ohne C ergibt sich ein Verlust von 13 000 €. Es ergibt sich eine Differenz von 14 000 €. Der Deckungsbeitrag II von C ist 14 000 €, den diese Warengruppe zum Unternehmensergebnis beiträgt.

Die Streichung der Warengruppe C aus dem Verkaufsprogramm wäre also ein Fehler. Was man der Unternehmensleitung aber empfehlen könnte, das wäre eine stärkere Forcierung der Warengruppen A und B.

Kennzahlen

Mit Kennzahlen können Sie die vielen Daten des Unternehmens verarbeiten und verdichten. Nicht nur das Sammeln von Daten im Rechnungswesen und den verschiedenen Fachbereichen ist wichtig, ebenso ist es das Aufbereiten und Auswerten dieser Daten. Sie verfügen mit Kennzahlen über mehr Informationen und treffen bessere Entscheidungen in der Materialwirtschaft, in der Fertigung, im Verkauf, im Finanzwesen und im Personalbereich. Mit Bilanzkennzahlen lassen sich Bilanzen auswerten.

Vermögen

Die verschiedenen Positionen einer **Bilanz** können Sie zu Hauptpositionen zusammenfassen: Sachanlagen, Finanzanlagen, Vorräte, Forderungen und flüssige Mittel auf der Aktivseite, entsprechend auf der Passivseite Eigenkapital, langfristiges und kurzfristiges Fremdkapital.

Sachanlagen und Finanzanlagen bilden das **Anlagevermögen**, das dem Unternehmen langfristig zur Verfügung steht. Gebäude, Grundstücke, Maschinen sowie Betriebs- und Geschäftsausstattung sind Sachanlagen, während Beteiligungen und Tochtergesellschaften in der Bilanz als „Finanzanlagen" ausgewiesen werden. Das Anlagevermögen ist langfristig zu finanzieren.

Die **Anlagenintensität** ist das Verhältnis von Anlagevermögen zum gesamten Vermögen, Anlagevermögen in Prozent der

Bilanzsumme. Die **Sachanlagenintensität** misst die Sachanlagen in Prozent der Bilanzsumme.

$$\text{Anlagenintensität} = \frac{\text{Anlagevermögen x 100}}{\text{Gesamtvermögen (= Bilanzsumme)}}$$

Eine hohe Anlagenintensität erfordert ebenfalls einen hohen Anteil an Eigenkapital bzw. langfristigem Fremdkapital am Gesamtkapital.

Die Anlagenintensität unterscheidet sich je nach Wirtschaftszweig und ist von betrieblichen Faktoren abhängig. Je höher das Anlagevermögen im Verhältnis zum Umlaufvermögen ist, desto höher ist die Belastung mit fixen Kosten, insbesondere Abschreibungen, Zinsen.

Alle Vermögensposten, die sich rasch ändern, weil sie laufend im Betriebsprozess verändert werden, zählen zum **Umlaufvermögen**: Vorräte, Forderungen, flüssige Mittel. Die **Umlaufintensität** ist das Verhältnis Umlaufvermögen zum Gesamtvermögen. Ein Unternehmen mit einer hohen Umlaufintensität kann auch in größerem Umfang mit kurzfristigem Fremdkapital arbeiten.

$$\text{Umlaufintensität} = \frac{\text{Umlaufvermögen x 100}}{\text{Gesamtvermögen (= Bilanzsumme)}}$$

Materialintensive Betriebe haben einen hohen Lagerbestand und sind daher **vorratsintensiv**. Lagerhaltungskosten spielen hier eine wichtige Rolle. Ein hoher Anteil der Bilanzsumme entfällt im Einzelhandel auf das Warensortiment und das Warenlager.

$$\text{Vorratsintensität} = \frac{\text{Vorräte x 100}}{\text{Gesamtvermögen}}$$

Interessante Erkenntnisse bringt ein Vergleich der Vorratsintensität mit einem oder mehreren Unternehmen derselben Branche. Sie können dann sehen, ob die Vorräte im Vergleich zur Branche zu groß sind.

Kapitalkennzahlen

Eine Analyse des Passivseite zeigt, wie sich das Gesamtkapital in Eigen- und Fremdkapital gliedert und wie sich das Fremdkapital aus langfristigem und kurzfristigem zusammensetzt. Zum Eigenkapital gehören Grundkapital (Stammkapital), Rücklagen und Gewinn.

Eine **Eigenkapitalquote** von 55 % besagt, dass das Unternehmen zu 55 % mit eigenen Mitteln finanziert ist, was als hoch gilt. Je höher die Eigenkapitalquote, desto größer ist die finanzielle Stabilität und Kreditwürdigkeit eines Unternehmens.

$$\text{Eigenkapitalquote} = \frac{\text{Eigenkapital x 100}}{\text{Gesamtkapital (= Bilanzsumme)}}$$

Beim **Anspannungsgrad** wird das Fremdkapital in Relation zur Bilanzsumme gesetzt. Ein Anspannungsgrad von 45 % bedeutet damit, dass 45 % des gesamten Kapitals auf Fremdkapital entfällt. Entscheidend ist, dass das Risiko für das Unternehmen zunimmt, wenn der Anteil des Fremdkapitals am Gesamtkapital größer wird.

$$\text{Anspannungsgrad} = \frac{\text{Fremdkapital x 100}}{\text{Gesamtkapital}}$$

Beim Fremdkapital spielt aber auch die Zusammensetzung von langfristigem und kurzfristigem Kapital eine wichtige Rolle. Sie sollten deshalb den Anteil des **langfristigen Fremdkapitals** am gesamten Fremdkapital feststellen. Ein hoher Anteil des langfristigen Fremdkapitals am gesamten Fremdkapital bedeutet mehr Sicherheit, da letzteres oft wie Eigenkapital langfristig dem Unternehmen zur Verfügung steht.

$$\text{langfristiges Fremdkapital in \%} = \frac{\text{langfristiges Fremdkapital x 100}}{\text{gesamtes Fremdkapital}}$$

Der **Verschuldungsgrad** oder Verschuldungskoeffizient ist eine Gegenüberstellung von Fremdkapital zu Eigenkapital.

$$\text{Verschuldungsgrad} = \frac{\text{Fremdkapital}}{\text{Eigenkapital}}$$

Ein Verschuldungsgrad von kleiner als 1 sagt Ihnen, dass das Fremdkapital kleiner als das Eigenkapital ist. Konkret bedeutet ein Verschuldungskoeffizient von 0,5, dass das Fremdkapital nur halb so groß wie das Eigenkapital ist.

Der Verschuldungsgrad macht dieselbe Aussage wie die Gegenüberstellung von Eigenkapital zu Fremdkapital. Die sogenannte „klassische Regel" setzt eine **Relation von Eigenkapital zu Fremdkapital** von mindestens 1 : 1 voraus, d. h., die Schulden dürfen nicht größer sein als das Eigenkapital. Das Eigenkapital steht dem Unternehmen langfristig zur Verfügung und ist stets Haftungsbasis.

Finanzierung

Für die Finanzierung ist das Verhältnis von langfristig gebundenem Vermögen zum Eigenkapital bzw. dem langfristigen Kapital wichtig. Die Kennzahl **Anlagendeckung** ist das Verhältnis Eigenkapital zu Anlagevermögen.

$$\text{Anlagendeckung I} = \frac{\text{Eigenkapital} \times 100}{\text{Anlagevermögen}}$$

Die Anlagendeckung II ist eine Gegenüberstellung von Anlagevermögen und langfristigem Kapital. Das gesamte Anlagevermögen ist nach der **„Goldenen Bilanzregel"** durch Eigenkapital bzw. langfristiges Fremdkapital zu finanzieren.

$$\text{Anlagendeckung II} = \frac{(\text{Eigenkap.} + \text{langfr. Fremdkap.}) \times 100}{\text{Anlagevermögen}}$$

Die Anlagendeckung III bezieht das langfristig gebundene Umlaufvermögen, insbesondere den so genannten eisernen Bestand, in die Analyse ein. Der Mindestbestand an Vorräten sollte ebenfalls langfristig finanziert werden.

$$\text{Anlagendeckung III} = \frac{(\text{Eigenkap.} + \text{langfr. Fremdkap.}) \times 100}{\text{Anlagevermögen} + \text{langfr. Umlaufvermögen}}$$

Die **„Goldene Finanzierungsregel"** verlangt, dass die Fristen der Kapitalverwendung (= Investierung) mit den Fristen der Kapitalbeschaffung (= Finanzierung) übereinstimmen. Das Anlagevermögen und das dauernd gebundene Umlaufvermögen, der eiserne Bestand, sind durch Eigenkapital und/oder langfristiges Fremdkapital zu finanzieren.

Die Finanzanalyse bedient sich ferner des **Verschuldungsfaktors**, der Beziehung Gesamtverschuldung zum Cash flow eines Jahres. Der Cash flow (engl. für Geldzufluss) umfasst außer dem Gewinn auch die Abschreibungen und die Zuführungen zu den Rücklagen und Rückstellungen.

$$\text{Verschuldungsfaktor} = \frac{\text{Gesamtverschuldung}}{\text{Cash flow}}$$

Der Verschuldungsfaktor informiert Sie, in wie viel Jahren der Cash flow alle Schulden abbauen kann.

Liquiditätsgrade und Zahlungsfähigkeit

Liquidität ist die Fähigkeit, an einem bestimmten Zeitpunkt alle Zahlungsverpflichtungen erfüllen zu können. Die flüssigen Mittel und andere Positionen des Umlaufvermögens werden in den **Liquiditätsgraden** in Beziehung zu den kurzfristigen Verbindlichkeiten gesetzt.

Die Liquidität ersten Grades (Barliquidität) zeigt die **kurzfristige** Zahlungsfähigkeit. Sie stellt die flüssigen Mittel in Beziehung zu den kurzfristigen Verbindlichkeiten. Kasse, Postscheckguthaben, Sicht- und Termineinlagen bei Banken sowie diskontfähige Wechsel sind flüssige Mittel.

$$\text{Liquidität ersten Grades} = \frac{\text{flüssige Mittel x 100}}{\text{kurzfristige Verbindlichkeiten}}$$

Die Liquidität zweiten Grades oder einzugsbedingte Liquidität ist das Verhältnis des kurzfristigen Umlaufvermögens zu den kurzfristigen Verbindlichkeiten und bedeutet **mittelfristige**

Zahlungsfähigkeit. Das kurzfristige Umlaufvermögen umfasst flüssige Mittel und kurzfristige Forderungen.

$$\text{Liquidität zweiten Grades} = \frac{\text{kurzfristiges Umlaufvermögen x 100}}{\text{kurzfristige Verbindlichkeiten}}$$

Die Liquidität dritten Grades ist die Gegenüberstellung des gesamten Umlaufvermögens zu den kurzfristigen Verbindlichkeiten und bedeutet **langfristige** Zahlungsfähigkeit. Sie wird auch als umsatzbedingte Liquidität bezeichnet. Eine umsatzbedingte Liquidität von 150 bis 200 % ist als hoch einzustufen.

$$\text{Liquidität dritten Grades} = \frac{\text{gesamtes Umlaufvermögen x 100}}{\text{kurzfristige Verbindlichkeiten}}$$

Erfolgskennzahlen

Produktivität, Wirtschaftlichkeit und Rentabilität sind Messgrößen zur Leistungsbeurteilung. Die **Produktivität** zeigt die mengenmäßige oder technische Wirtschaftlichkeit. Leistungseinsatz (z. B. Materialeinsatz) und Leistungsergebnis, die Ausbringung, werden ins Verhältnis gesetzt.

$$\text{Produktivität} = \frac{\text{Ausbringungsmenge (Stück, m, kg, l)}}{\text{Einsatz von Material, Arbeitszeit, Kapital}}$$

$$\text{Arbeitsproduktivität} = \frac{\text{Ausbringungsmenge}}{\text{geleistete Arbeitsstunden}}$$

Die **Anlagenproduktivität** gewinnt mit zunehmender Mechanisierung und Automatisierung an Aussagekraft.

$$\text{Anlagenproduktivität} = \frac{\text{Ausbringungsmenge}}{\text{gefahrene Maschinenstunden}}$$

Wirtschaftlichkeit ist das Verhältnis von Ertrag zu Aufwand bzw. Leistungen zu Kosten. Während die Produktivität eine rein technische Gegenüberstellung von Mengen ist, wobei Preise keine Rolle spielen, berücksichtigt die Wirtschaftlichkeit Marktpreise.

$$\text{Wirtschaftlichkeit} = \frac{\text{Erträge}}{\text{Aufwendungen}}$$

Eine **Unternehmung** arbeitet **wirtschaftlich**, wenn *Erträge > Aufwendungen* sind. Die Wirtschaftlichkeit ist damit gegeben, wenn diese Kennzahl größer als 1 ist.

Rentabilität ist die Relation von Gewinn zu Kapitaleinsatz bzw. Umsatz. Bei der **Kapitalrentabilität** können das Eigenkapital und das Gesamtkapital Bezugsgröße sein. Das im Geschäftsjahr durchschnittlich eingesetzte Kapital wird in Beziehung zum Reingewinn gesetzt.

Die **Eigenkapitalrentabilität** setzt den Reingewinn zum Eigenkapital in Beziehung. Es ergibt sich die Verzinsung des Eigenkapitals.

$$\text{Eigenkapitalrentabilität} = \frac{\text{Gewinn (Verlust)} \times 100}{\text{Eigenkapital}}$$

Bei der Gesamtkapitalrentabilität oder Unternehmensrentabilität wird der Reingewinn einschließlich Zinsaufwand zum Gesamtkapital ins Verhältnis gesetzt. Die Leistungsfähigkeit des Unternehmens wird so deutlicher als bei der Rentabilität des Eigenkapitals.

$$\text{Gesamtkapitalrentabilität} = \frac{(\text{Gewinn} + \text{Fremdkapitalzinsen}) \times 100}{\text{Gesamtkapital}}$$

Umsatzrentabilität ist das Verhältnis vom Unternehmensgewinn bzw. -verlust zum Jahresumsatz.

$$\text{Umsatzrentabilität} = \frac{\text{Unternehmensgewinn (Verlust)} \times 100}{\text{Umsatz}}$$

Die Umsatzrentabilität zeigt Ihnen, in welcher Relation der Gewinn zum Geschäftsvolumen steht. Die Unternehmensleitung sollte bestrebt sein, nicht nur einen hohen Umsatz, sondern auch eine hohe Umsatzrendite zu erzielen.

Cash flow-Kennzahlen

Die summarische Kennzahl „Cash flow" zeigt Veränderungen der Finanz- und Ertragskraft eines Unternehmens deutlicher als der Gewinn, da die Abschreibungen im Cash flow enthalten sind.

Das Verhältnis vom Cash flow zum Eigenkapital oder Gesamtkapital zeigt Ihnen, wie viel Prozent des Eigen- oder Gesamtkapitals in einer Geschäftsperiode als Finanzierungsmittel zugeflossen sind.

$$\text{Cash flow-Eigenkapitalrendite} = \frac{\text{Cash flow} \times 100}{\text{Eigenkapital}}$$

$$\text{Cash flow-Gesamtkapitalrendite} = \frac{\text{Cash flow} \times 100}{\text{Gesamtkapital}}$$

Die Kennzahl Cash flow zu **Umsatzerlösen** ist eine weitere Messzahl für die Beurteilung der Ertrags- und Selbstfinanzierungskraft eines Unternehmens.

$$\text{Cash flow-Umsatzrendite} = \frac{\text{Cash flow} \times 100}{\text{Umsatzerlöse}}$$

Spezielle Kennzahlen

Neben den Kennzahlen zur globalen Unternehmensführung gibt es Kennzahlen zur speziellen Unternehmenssteuerung. Sie ermöglichen eine genaue Analyse einzelner **Unternehmensbereiche** und zeigen Verlustquellen auf.

Personal

Die Lohnhöhe wird nach der im Betrieb zugebrachten Zeit beim **Zeitlohn** errechnet.

$$\text{Bruttolohn} = \text{Lohn je Zeiteinheit} \times \text{Zahl der Zeiteinheiten}$$

Die Entlohnung erfolgt beim **Akkordlohn** (Leistungslohn) nach der tatsächlichen Leistung. Bezugsbasis kann die Stückzahl oder die Zeit sein.

■ *Voraussetzungen für Akkordlohn:*
– Arbeitsgang muss festliegen; – Arbeitstempo ist beinflussbar
– Arbeitsgänge wiederholen sich. ■

Die Lohnhöhe wird beim **Geldakkord (Stückgeldakkord)** nach der Zahl der erbrachten Mengeneinheiten ermittelt, z. B. Stück, kg, m. Der Stundenlohnsatz wird in einen Lohnsatz je Mengeneinheit umgerechnet. Für die erbrachte Mengeneinheit wird ein bestimmter Geldbetrag ermittelt.

Der **Akkordrichtsatz** setzt sich aus dem Grundlohn des jeweiligen Tarifgebietes und einem prozentualen Akkordzuschlag zusammen. Der Akkordrichtsatz ist der Stundenverdienst bei Normalleistung.

$$\text{Akkordrichtsatz} = \text{Akkordgrundlohn} + \text{Akkordzuschlag}$$

$$\text{Geldakkordsatz je Stück (= Lohnsatz)} = \frac{\text{Akkordrichtsatz}}{\text{Normalleistung in der Stunde}}$$

$$\text{Bruttolohn} = \text{Geldakkordsatz} \times \text{Stückzahl}$$

Beispiel

Stundenlohn 10 €, Akkordzuschlag 20 %, Normalleistung je Stunde 15 Stück, wöchentliche Arbeitszeit 40 Stunden, Stückzahl 600, Bruttolohn?

tariflich garantierter Mindestlohn	10,00 €
+ Akkordzuschlag 20 %	2,00 €
Akkordrichtsatz	12,000 €

$$\text{Stückgeldakkordsatz} = \frac{12{,}00}{15} = 0{,}8\ €$$

Bruttolohn = 0,8 €/Stück x 600 Stück = 480 €

Beim **Zeitakkord** oder **Stückzeitakkord** wird für die Leistung eine bestimmte Zeit vorgegeben. Die Vorgabe von Zeiteinheiten kann als Vorgabezeit für einen Auftrag oder als Zeit für 1 Mengeneinheit angegeben werden.

Der **Zeitakkordsatz** für ein Stück ergibt sich, wenn der Wert 60 durch die in einer Stunde erbrachte Leistung dividiert wird.

$$\text{Zeitakkordsatz} = \frac{\text{60 Minuten}}{\text{Normalleistung je Stunde}}$$

Der Zeitakkordsatz (Zeitsatz) wird für das bereits besprochene Beispiel wie folgt ermittelt:

$$\text{Zeitakkordsatz} = \frac{\text{60 Min.}}{\text{15 Stück}} = \text{4 Min./Stück}$$

Der Verdienst pro Minute, der **Minutenfaktor**, errechnet sich dann aus dem Akkordrichtsatz geteilt durch 60.

$$\text{Minutenfaktor} = \frac{\text{Akkordrichtsatz}}{60}$$

Der Minutenfaktor im Beispiel ist dann:

$$\text{Minutenfaktor} = \frac{\text{12,00 €}}{\text{60 Min.}} = \text{0,2 €/Min.}$$

Der Bruttolohn ergibt sich dann aus dem Produkt von Zeitsatz und Minutenfaktor sowie der Stückzahl.

$$\text{Bruttolohn} = \text{Zeitsatz} \times \text{Minutenfaktor} \times \text{Stückzahl}$$

Auf das Beispiel bezogen ergibt sich dann:

Bruttolohn = 4 Min./Stück x 0,2 €/Min. × 600 Stück = 480 €

Meistens wird aber in der Praxis mit der 100 Minuten-Stunde und damit mit Dezimalminuten gerechnet.

$$\text{Zeitakkordsatz (Zeitsatz)} = \frac{\text{100 Minuten}}{\text{Normalleistung je Stunde}}$$

Der Zeitakkordsatz im vorigen Beispiel beträgt folglich:

$$\text{Zeitakkordsatz} = \frac{\text{100 Dezmin.}}{\text{15 Stück}} = \text{6,666 Dezmin./Stück}$$

Der Verdienst pro Dezimalminute, der Minutenfaktor, beträgt jetzt:

$$\text{(Dezimal-)Minutenfaktor} = \frac{\text{Akkordrichtsatz}}{100}$$

Der Arbeitnehmer erhält pro Dezimalminute:

$$\text{(Dezimal-) Minutenfaktor} = \frac{\text{12,00 €}}{100} = \text{0,12 €/Dezmin.}$$

Der Bruttolohn des Arbeitnehmers errechnet sich dann wie folgt:

Bruttolohn = Zeitakkordsatz x Minutenfaktor x Stück

Bruttolohn = 6,666 x 0,12 x 600 = 480 €

■ *Der Geldakkord ist älter als der Zeitakkord. Tarifänderungen führen aber dazu, dass sich dann auch der Geldakkordsatz ändert. Der Zeitakkord kommt deshalb in der Industrie häufiger vor. Der Zeitakkordsatz und damit die Vorgabezeit bleiben bei Tarifänderungen unverändert. Der Stückzeitakkord mit 100 Minuten, Dezimalstunden, bietet nochmals rechnerische Vorteile.* ■

Der **Prämienlohn** setzt sich aus dem nicht leistungsbezogenen Grundlohn und der leistungsbezogenen Prämie zusammen. Letztere wird zum Grundlohn als zusätzliche Vergütung gewährt, z. B. Mengenprämie bei Unterschreitung einer Vorgabezeit, Terminprämie für das Erledigen von Eilaufträgen, Güteprämie für wenig Ausschuss.

Erzielbares Einkommen = Grundlohn (Zeitlohn) + Prämie

Verkauf

Der **Umsatz** ist eine der wichtigsten Größen zur Beurteilung eines Unternehmens. Eine Umsatzaufgliederung nach Produkten über mehrere Jahre zeigt, welcher Anteil am Jahresumsatz auf die verschiedenen Produkte entfällt.

Sie können die Umsatzentwicklung über mehrere Jahre auch mit Indexzahlen darstellen. Bei den **Indexzahlen** wird der absolute Wert eines bestimmten Zeitpunktes oder ein typisches Basisjahr gleich 100 gesetzt. Indexzahlen zeigen gut die zeitliche Entwicklung von betrieblichen oder volkswirtschaftlichen Daten.

Weitere umsatzbezogene Kennzahlen sind:

$$\textbf{Umsatz je Mitarbeiter} = \frac{\text{Umsatz}}{\text{Zahl der Mitarbeiter}}$$

$$\textbf{Marktanteil} = \frac{\text{Umsatz des Unternehmens} \times 100}{\text{Branchenumsatz}}$$

$$\textbf{Marktanteil eines Produkts} = \frac{\text{Umsatz des Produkts} \times 100}{\text{Gesamtumsatz dieses Produkts}}$$

Materialwirtschaft

Meldebestand, durchschnittlicher Lagerbestand, Umschlagshäufigkeit und durchschnittliche Lagerdauer sind die wichtigsten **Lagerkennzahlen.** Sie werden zur Kontrolle der Wirtschaftlichkeit eingesetzt.

$$\textbf{Meldebestand} = \text{Mindestbestand} + \text{täglicher Verbrauch} \times \text{Lieferzeit}$$

$$\textbf{durchschnittlicher Lagerbestand} = \frac{\text{Anfangsbestand} + \text{Endbestand}}{2}$$

$$\textbf{durchschnittlicher Lagerbestand} = \frac{\text{Jahresanfangsbest.} + \text{12 Endbest.}}{13}$$

$$\textbf{Umschlagshäufigkeit (= Lagerumschlag)} = \frac{\text{Wareneinsatz (bzw. Warenumsatz)}}{\text{durchschnittlicher Lagerbestand}}$$

$$\textbf{durchschnittliche Lagerdauer} = \frac{360}{\text{Umschlagshäufigkeit}}$$

Der Lagerbestand wird zu Einstandspreisen bewertet, also Einkaufspreis zuzüglich Bezugskosten. Auch der Wareneinsatz im Handel wird zu Einstandspreisen bewertet. Dies gilt auch für den Stoffverbrauch in Industrie und Handwerk.

Optimale Bestellmenge

Die optimale Bestellmenge ist eine Kennzahl aus dem **Einkauf.** Die Summe aus Bestellkosten und Lagerkosten erreicht bei der optimalen Bestellmenge ein Minimum.

Formel zur Berechnung der optimalen Bestellmenge:

$$Xm = \sqrt{\frac{2\ M \times Bk}{p \times q}}$$

Beispiel

optimale Bestellmenge Xm = ?
Bedarfsmenge M = 3 000 Stück
konstante Bestellkosten Bk = 50 €
Einstandspreis p = 8 €
Lager- und Zinskostensatz q = 0,10

$$Xm = \sqrt{\frac{2 \times 3\,000 \times 50}{8 \times 0{,}1}}$$

Xm = 612,37, ergibt abgerundet 612 Stück.

Fertigung

Die Erlöse bestimmen neben den Kosten die Gewinnschwelle und damit den Grad der Kapazitätsauslastung, ab dem ein Gewinn anfällt. Die **Gewinnschwelle** wird auch als Break-even-point bezeichnet. Im Break-even-point fällt weder Gewinn noch Verlust an.

Da die Erlöse sich aus dem Stückpreis (p) multipliziert mit der verkauften Menge (x) ergeben, die Kosten sich aus fixen Kosten (Kf) und variablen Kosten (Kv) zusammensetzen, gilt auch:

$$x \times p = Kf + Kv$$

Die gesamten variablen Kosten ergeben sich aus den variablen Stückkosten (kv) und der Menge (x). Vorige Gleichung kann dann auch wie folgt geschrieben werden:

$$x \times p = Kf + kv \times x$$

ergibt abgeleitet:

$$\text{Nutzenschwelle / Break-even-point} = \frac{\text{fixe Kosten}}{\text{Stückerlös} - \text{variable Kosten}}$$

Diese Formel ist insofern wichtig, weil die Differenz von Stückerlös und variablen Stückkosten dem **Deckungsbeitrag** pro Stück entspricht. Die Formel kann deshalb auch folgendermaßen geschrieben werden:

$$\text{Nutzenschwelle / Break-even-point} = \frac{\text{fixe Kosten}}{\text{Deckungsbeitrag}}$$

Der TaschenGuide „Kennzahlen" hilft Ihnen weiter, wenn Sie das Thema vertiefen möchten.

Stichwortverzeichnis